ステップアップ
介護

よくある場面
から学ぶ

リスク予防

神吉大輔 = 著

中央法規

はじめに

　「ステップアップ介護」は、介護職の皆さんが専門職として新たな一歩をふみ出すためのシリーズです。日頃（ひごろ）の業務のなかで、「やってしまいがち」「よかれと思ってやっている」「あいまいなままやっている」「よくわからなくて困っている」といった場面はないでしょうか。本シリーズでは、そのような、介護現場によくある場面をイラストで紹介し、具体的にどのように考え、どのように対応したらよいのかをわかりやすく解説しました。

　基本的には、一つの場面を4ページで展開しています。前から順に読んでいただくことも、場面を選んで読んでいただくこともできるようになっています。

　また、本シリーズは、複数の介護事業所にヒアリングをさせていただき、「介護職が押さえておきたいテーマ」「職員研修で必ず取り上げるテーマ」として共通してあがってきたものをラインナップとしてそろえています。根拠（こんきょ）となる知識や応用的な知識も収載していますので、新人研修や事業所内研修にも、そのまま活用していただけるものと思います。

　そのなかの一冊である本書『よくある場面から学ぶリスク予防』は、"介護現場で起こりがち"な"新人の頃（ころ）にかかわってしまいやすい"ヒヤリハットの場面を中心にあげました。ヒヤリハットとは、事故に至る可能性があったものの、事故に至る前に防ぐことができた場合のことです。

　介護現場でのリスクを考えるときに、施設で管理していく"リスクマネジメント"という言葉が出てくると思いますが、本書では介護現場で起こりがちなけがや転倒（てんとう）などのリスクを中心に取り上げ、介護職一人ひとりでできる対応があるということを伝えたいと思います。

Part 1 では、「利用者への言動や対応」として、主に認知症のある利用者への対応について取り上げています。原因を追究せず表面的または場当たり的に対応してしまうことによって、リスクの発生や増大につながってしまうということを、特に伝えたいと思います。

　Part 2 では「介護場面」、Part 3 では「薬や感染などにかかわる対応」をあげています。これらの場面では、原因を突き詰めると基本の介護技術の問題になることが多いですが、介護職がどのような対応をすることでリスクにつながるのか、そして、リスクを防ぐことができるのかについて解説しています。

　Part 4 の「環境整備」では、利用者が生活する環境にもさまざまなリスクがあり、それに配慮することの大切さを学んでほしいと思います。

　生活するうえでは、けがや転倒などは起こり得るもので、すべてを防ぐことが難しい部分もありますが、生活環境を整えたり、介護職の対応や視点を変えたりすることで未然に防ぐことができるものも多くあります。介護職として多くのヒヤリハットの体験をいかし、できる限り未然に防ぐことで、利用者の安全で安心な生活の支援につなげていきましょう。

　シリーズキャラクターの「つぼみちゃん」「はなこ先輩」とともに、自分で考え、実践できる介護職として成長し、事業所全体の介護もステップアップさせるために、本書をご活用いただければ幸いです。

2020 年 2 月　神吉大輔

目次

つぼみちゃん ── TSUBOMI CHAN

介護施設で働きはじめたばかり。憧れのはなこ先輩のように、花咲くことを夢見て一生懸命介護の仕事をがんばっている。
好きな食べ物はパンケーキ。おひさまを浴びることが大好き。

はなこ先輩 ── HANAKO SENPAI

つぼみちゃんの教育係の先輩。素直でいつも前向きなつぼみちゃんを応援している。
好きな果物はリンゴ。ミツバチと小鳥がお友達。

Part 1

利用者への言動や対応

利用者さんへの言動や対応には気をつけているはずだけど……

利用者さんそれぞれに合った対応ができているか学ぼう。

1 拒否や抵抗があっても、時間内に入浴介助を終えるのが優先?!

Cさん、時間なので入りますよ!

まだ入りたくない。行かねえよ。

考えてみよう! なぜ、抵抗されたのかな?

　利用者のCさんは認知症があり、感情の制御が難しく攻撃的な言動をとることがあります。介護職のAさんが入浴に誘うと、Cさんは「行かねえよ」と荒い口調で強く拒否しました。入浴介助を時間どおりに終わらせたいAさんが、腕をかかえるようにして浴室へ連れていこうとしたところ、さらに強く抵抗され、Aさんは足を蹴られてしまいました。

時間どおりに入浴してもらうことが大事だから、Aさんの行動は間違っていないと思うけど……

Cさんはとてもいやがっているよね。時間内に入浴介助を終えることに必死になりすぎていないかな?

確認しよう！　どこがダメなの？

チェック 1　　決められた時間に入浴介助をしないといけないと思っている！

　決められた時間に入浴介助をしないといけないと思っているために、拒否や抵抗をされても何とか浴室へ連れていこうとしてしまっています。それによって、利用者はさらに強い抵抗をみせることになります。

チェック 2　　声のかけ方や態度が必死になっている！

　入浴介助をやり遂げようと、利用者への声のかけ方や態度が必死になっていると、利用者にも余裕のなさが伝わり、不安を与えてしまうことになります。

チェック 3　　利用者の想いを理解しようとしていない！

　利用者がどのような状況にあり、なぜ入浴したくないと思っているのかを理解せずに無理に誘うと、利用者が驚いて転倒につながったり、気分を害して物を壊すなどの行動につながったりする可能性があります。

どうしたらいいの？ 利用者の選択を尊重しよう

ポイント **1** タイミングや気分を変える

　利用者が入浴の誘いに応じないときは、利用者にとってのタイミングや環境が整っていないととらえ、時間をおいたり、ほかの介護職に対応してもらったりします。気分を変えるために、レクリエーションやおやつなどに誘ってみるのもよいでしょう。

ポイント **2** ゆとりをもって接する

　特に新人のうちは決められた業務を何とか遂行しなければと一生懸命に考えがちですが、「入浴させる」という強引な考え方は避け、利用者の選択を尊重し、時には時間を変更したり、翌日に延期したりするという発想も大切です。もちろん、そうした場合には、ほかの介護職に申し送りをして翌日に引き継ぐことを忘れないようにしましょう。利用者に安心してもらえるよう、気持ちにゆとりをもって接することが大切です。

ポイント **3** 想いをくみ取る

　「拒否のある（難しい）高齢者」と決めつけるのではなく、一人の人としてかかわるようにしましょう。介護職と利用者の関係性や、利用者のその日の体調や気分により現れている言動の可能性もあるため、不安に思う状況を少なくするようにしていくことが大切です。

目の前のことだけでなく、利用者さんの様子や
周りの状況を見るゆとりと視点が大切なんだね！

● その後のリスクを予測し、強引な対応はやめよう

　拒否のある利用者に対して半ば強引な対応をしてしまうことで、利用者をさらに怒らせてしまったり、興奮させてしまったりする可能性があります。それにより、利用者、介護職自身のほか、周りの利用者やほかの職員に危険がおよぶ可能性もあります。

　その後のリスクにつながらないように、**気分を変えたり**、利用者とコミュニケーションを図って**拒否している背景や状況を理解したりして**、対応を変えていきましょう。対応を考えるうえでは、利用者の選択を尊重することがとても大切です。

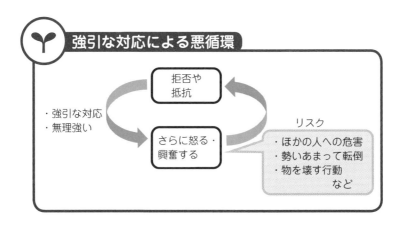

強引な対応による悪循環

・強引な対応
・無理強い

拒否や抵抗

さらに怒る・興奮する

リスク
・ほかの人への危害
・勢いあまって転倒
・物を壊す行動
　　　　　　など

強引な対応は利用者さんの気分を害するだけでなく、転倒などのリスクにつながることも知っておこう！

② 利用者同士の喧嘩には かかわらないほうがよい?!

いつものことだし、止めなくても大丈夫かな。

なんだとぉ〜

考えてみよう! 利用者同士の喧嘩にはかかわらないほうがよいのかな?

　利用者のDさんとEさんは喧嘩(けんか)になって口論しています。介護職のBさんは利用者同士の問題だと思い、そのまま見守っていたら、DさんがEさんの顔をたたいてしまいました。

利用者さん同士の問題だし、首を突っ込まないほうがいいと思っていたけど……

本当に見守るだけでいいのかな。顔をたたいてしまったようにけがにつながる可能性もあるよ。

確認しよう！　どこがダメなの？

チェック **1**　利用者の状況に目を向けていない！

　例えば認知症に伴うさまざまな症状や疾患などにより、感情の制御が難しくなっている場合もあります。口論になっているにもかかわらず放っておくと、DさんがEさんの顔をたたいてしまったように、けがにつながる可能性もあります。

チェック **2**　利用者同士の関係性を把握できていない！

　過去にも同様のトラブルを起こしたことがあるかもしれません。過去の喧嘩につながったきっかけや、苦手意識をもっているという利用者同士の関係性を把握できていないと、トラブルを未然に防ぐことができません。

チェック **3**　口をはさまないほうがよいと思っている！

　大人同士の喧嘩なので余計な口をはさまないほうがよいと思っていると、人間関係の悪化やトラブルにつながってしまうこともあります。

利用者さん同士の問題として
すませないようにしよう。

ポイント1 利用者の心理や行動特性を理解する

　ただの喧嘩と決めつけるのではなく、認知症に伴うさまざまな症状や疾患による精神状態、加齢に伴う心理の変化や行動特性を理解するよう努めることが大切です。

ポイント2 利用者同士の相性や関係性を把握する

　毎日顔を合わせていると、相性や発言によっては口論になってしまうこともあります。介護職は、そうした利用者同士の相性や関係性を把握しておくことで、座席の並びや距離感などに配慮し、トラブルを未然に防ぐことができます。

ポイント3 間に入って話を聞く

　本人同士の解決力を尊重することはもちろんですが、介護職が間に入って否定しないように話を聞いたり、食事や行事などほかのことに誘って気を引いたりすることで、喧嘩を止めることは可能かもしれません。いずれにしても放っておくことはしないで、いつでも間に入ることができるようにさりげなく見守りましょう。

● ただの喧嘩と決めつけないようにしよう

　喧嘩につながってしまう背景としては、認知症に伴うさまざまな症状や疾患などにより感情を抑えられない状態にあることも考えられます。

　このような場合、先にたたいてしまったほうを一方的に悪いと決めつけるようなことは、もってのほかです。**本人たちの話を丁寧に聞き、背景や要因を考える**ようにしましょう。もし、過去にもそのようなことがあった場合には、**喧嘩につながったきっかけについて介護職が把握しておく**ことで、ほかの利用者との距離感に配慮するといった対応につなげることができます。

　また、それ以外の喧嘩につながる要因としては、生活環境の変化や集団での生活によるストレス、価値観の違い、役割や体調の変化などにより、抑うつ的になったり性格が変化したりすることなどがあげられます。介護職は、利用者の精神状態や性格、利用者同士の相性や関係性を把握し、おだやかに過ごせる環境をつくることが大切です。

介護職と利用者さんとの関係も大切だけど、
利用者さん同士のかかわり方を把握しておく
ことも大切なんだね！

3 徘徊は止めるべき?!

まずは座りましょう。

考えてみよう！ 徘徊は止めるべきなのかな？

　介護職のAさんは、認知症のあるFさんが歩き回るたびに、座るように促していました。すると、Fさんは怒り出してしまい、ほかの利用者の部屋に入ろうとしたり、ほかの利用者の物に触ろうとしたりしていました。

認知症の症状だと思って、歩き回るのを止めようとしているのかな？

本当に認知症の症状なのかな？　Fさんが歩き回るには理由があるかもしれないよ。

確認しよう！　どこがダメなの？

チェック 1　「徘徊」＝「問題」ととらえている！

　歩いているときに理由も添えずにただ「座るように」と言われると、誰でも気分を害してしまいます。「認知症があるから歩いているだけで危ない」と思われているのは、Ｆさんも態度や印象から感じ取ることができます。それが介護職に対する不信感、抵抗感にもつながっていきます。

チェック 2　行動の理由や心理的背景について考えていない！

　座るように促しているだけで、利用者がなぜ落ち着かないのか、歩き回るのか、その理由や心理的背景について考えることができていません。

行動を止めることに必死になりすぎると、
理由や背景に目が向かなくなってしまうよ。

どうしたらいいの? 認知症の症状だと決めつけないようにしよう

ポイント **1** 先に起こり得るリスクを考える

行動を止めるのではなく、それによって起こり得るリスクを考えるようにしましょう。つまずいて転倒することがないように、日頃から片づけておくことが大切です。また、歩行が安定している利用者でも、長時間歩き続けることで疲れがみられたりします。転倒につながらないようしっかり見守りをしたり、休んでもらうよう提案したりして対応しましょう。

異食がある利用者であれば、手が届くところに置く物に注意したり、見守ったりすることが大切です。

ポイント **2** 原因の一つひとつにかかわっていく

歩き続ける理由を探ってみる必要があります。話し相手や信頼できる人がいなくてさびしさや不安がある、体調が悪かったり不快な気持ちだったりするが言葉にできない、空腹である、からだを動かすことが好きなのでとにかく歩きたいなど、さまざまな理由が考えられます。本人に話を聞いたり、生活歴や性格から背景や理由を探ったりして、原因と思われることに対して一つひとつかかわっていくようにしましょう。

● 本人の状況や困りごとから考えていこう

　歩き回るのは認知症の症状の一つである徘徊だから防がなければと思い込み、その行動を止めてしまうことは、かえって利用者の混乱を招き、症状を強めてしまうことにもなりかねません。"歩く"ことは誰でもすることなので、行動自体を止めるのではなく、**その先にどのようなことが起こり得るかを考えて対応していく**ことが大切になります。

　また、なぜ歩き回るのかを本人の状況や困りごとから考えて、原因に対してしっかりかかわっていくことで、利用者の安心にもつながります。

 生活環境によってどんなリスクが生じる？

　起こり得るリスクは在宅、施設で変わってきます。具体的なリスクとしては、在宅の場合は、屋外で事故や所在不明、脱水などの体調不良をきたすことなどが考えられます。施設の場合は、歩くことに問題はなく、ほかの利用者の部屋に入る、外へ出てしまうなどが考えられます。

認知症があるからと行動を止めるのではなく、
その背景や理由を知ることが大切なんだね！

4 記憶障害のある利用者に対して、その場しのぎの約束をしてもよい?!

あれ、
うまく引き留められたと
思ったのに……

帰れない
じゃないか！

考えてみよう!　なぜ、怒ってしまったのかな？

　認知症による記憶障害がある利用者のGさん。帰宅したい気持ちが強く落ち着かないときに、介護職のBさんはその場をしのごうと「夕飯を食べたら帰りましょう」と引き留めました。夕食後、Gさんは帰れないことを知り、ますます怒ってしまい、杖を振り回して暴れる事態となってしまいました。

引き留めたことがよくなかったのかな？

Bさんの言葉を信じていたGさんは、どんな気持ちになるかな。

確認しよう！　どこがダメなの？

チェック 1　その場しのぎの対応になっている！

　認知症のある利用者に対して「どうせ覚えていない」「どうせ理解できない」という意識により、「事実と異なる話をしても大丈夫」と考えていると、その場をしのぐための適当な受けこたえになるなど、いい加減な対応となって表れます。それが相手に不安や不信感を与え、落ち着かなくなる原因になってしまいます。

チェック 2　帰りたくなる原因やきっかけに目が向けられていない！

　帰りたい気持ちが強いのにはさまざまな背景や理由があります。しかし、介護職は、利用者の想いや背景について考えるよりも引き留めることばかりに意識が向いてしまっています。

チェック 3　対応方法が異なっている！

　認知症があってもすべてを覚えていないわけではありません。介護職が「覚えていない」と思い込み、その時々で対応方法や説明の仕方が異なっていると、利用者は不安になり混乱してしまいます。

その場をしのぐための介護職の言葉が、
利用者さんに不安や混乱を与えてしまうんだよ。

ポイント 1 　誠実で丁寧な態度を心がける

　認知症による記憶障害があるからといって、嘘をついたりごまかしたりするのは失礼にあたります。誠実で丁寧な態度や姿勢は、仮に記憶には残らなくても、印象や感情として利用者の心理状態に影響を与えます。

ポイント 2 　帰りたくなる原因を探してみる

　「帰りたい」という言葉の背景には、「話し相手がいない」「気になることがある」「冷たくされた」などの気持ちが関係している可能性もあります。まずは不安を軽減し、安心できる環境を整えるようにします。例えば、ふだんの生活のなかで趣味や性格が合う人と一緒に座ってもらう、交流をもてるように介護職が間に入る、食事のしたくをする役割を担ってもらうなどの工夫が考えられます。

ポイント 3 　対応方法（説明など）を統一する

　認知症のある利用者には、介護職だけではなく家族とも、説明や伝え方を統一しておくようにします。利用者によっては、事実と異なる説明をすることで安心し、落ち着くこともあるので、家族と相談して対応方法を決めるようにします。その場しのぎの言葉をかけるのではなく、その人に合った対応方法を、介護職同士だけでなく家族とも共有しておくことが大切です。

● 利用者の不安を軽減し、安心できるような環境にしよう

　認知症があり、気持ちが不安定になりやすい利用者に対して、ついつい面倒に思って適当に接しがちになり、事実ではないのに「利用者が安心するだろう」とその場しのぎの言葉をかけてしまうことは、不安を大きくしてしまったり混乱させてしまったりする要因となります。また、言われたことと違う状況に対して、怒りや不信感などから抵抗することにつながったりもします。

　「帰りたい」という言葉の背景にはどのような気持ちがあるのか、**原因を探す**ことが大切です。利用者の想いの把握に努めて、**不安を軽減し、安心できるような環境**にしていきましょう。利用者によっては、事実と異なった説明をすることで落ち着く場合もあります。そのため、その人にとってどのような伝え方がよいのかについて、介護職や家族で話し合って対応方法を決めることが大切です。

認知症があっても伝わっていたり、
印象に残っていたりするんだね！

介護職の思いつきで対応するのではなく、
きちんと寄り添うことで利用者さんの
安心につながるよ。

5 誘うときは声かけと同時に からだに触れる?!

Hさん、食堂へ
行きましょう。

いきなり、なによ。

考えてみよう! 誘うときはからだに触れればよいのかな?

　認知症があり、時々攻撃的になってしまうことがある利用者のH
さん。介護職のAさんが、廊下を歩いていたHさんを食堂へ誘うた
めに腕を組もうとからだに触れたところ、Hさんは後ずさりしてバ
ランスをくずし、尻もちをついてしまいました。

誘おうとしただけなのにどうしてかな?

対応はこれでいいのかな?　対応によっては不快感や恐怖感
を与えてしまうよ。

確認しよう！　どこがダメなの？

チェック 1　「誘う」＝「からだに触れて介助する」と考えている！

　利用者の身体状況や体調をふまえず、「誘う」ことを「からだに触れて介助する」ことと考えてしまうと、余計に歩きにくくさせてしまったり、距離が近すぎて抵抗感を与えてしまうことにつながります。

チェック 2　誘うことを優先している！

　利用者の意思や返答を確認せず、食堂へ誘うことを優先してしまっています。そのため、利用者は状況を理解していないなかで急にからだに触れられることになり、抵抗してバランスをくずしたり、自分で歩けるにもかかわらず腕を組むようにして介助されることで転倒につながったりします。

利用者の生活歴や感じ方に合わせたかかわり方

　スキンシップがあることで安心感を得られる人もいれば、適度な距離感を保って接してもらうほうが心地よいという人もいます。利用者全員に同じかかわりをすればよいというわけではなく、その人の感じ方や生活歴に合わせたかかわり方が大切です。

どうしたらいいの？ 介護職の存在を認識してもらい、安心感を与えよう

ポイント 1 安心感を与えるような誘い方をする

身体状況や体調により、適切な介助の方法はさまざまです。からだを近づけて介助すればよいわけではありません。距離感や立ち位置、声のかけ方などを検討し、介護職間で共有しておくようにします。例えば、至近距離で急に声をかけない、麻痺（まひ）がある人には健側（けんそく）から声をかける、難聴（なんちょう）のある人には介護職の存在を認識してもらってから耳元で声をかけることで、利用者に安心感を与えます。

ポイント 2 利用者に介護職の存在を認識してもらう

コミュニケーションの基本ですが、まずは声をかけ、利用者に介護職の存在を認識してもらい、次に目的を伝えます。からだに触れる介助が必要な場合は、これから行う介助について具体的に説明し同意を得たうえで触れるようにしましょう。拒否や抵抗がある場合は無理に誘おうとせず、いったん時間をおくことも大切です。

介護職のほうが身構えている！

「攻撃的になってしまうことがある利用者」として、介助する前から介護職のほうが身構えてしまっていることがあります。

身構えている様子は利用者にも伝わり、さらに不安や不信感を与えてしまうことになります。介助の目的だけを伝えるのではなく、あいさつや会話を率先して行い、落ち着いて対応することが大切です。

● **利用者との距離感を意識しよう**

　利用者に対して、「介助しなければいけない」とばかり考えていると、適切な距離感や接し方を忘れてしまいがちになります。

　認知症などにより状況を十分に理解できず、不安な気持ちからほかの人へ警戒心をもちやすい利用者に対しては、声かけと同時にからだに触れるのではなく、少し離れた位置で声をかけてから近づくなど、**安心してもらってから介助する**ことが大切です。それにより、けがや事故などのリスクの予防にもつながります。そこでは**コミュニケーションが重要**になります。利用者に介護職の存在を認識してもらったうえで、介助の目的を伝えるようにしましょう。拒否や抵抗があった場合には、無理に誘おうとしないことも大切です。

こんな対応をしていないかな？

　認知症のある利用者が、ほかの利用者の部屋に間違えて入ってしまい、驚いた利用者同士でトラブルにつながったりすることもあります。男女別がわかるように入り口にイラストを貼ったり、または、間違えて部屋に入ってくる可能性がある利用者がいることを、ほかの利用者に伝えて把握しておいてもらうようにします。入ってしまった場合の対応については、介護職も一緒に部屋に入って対応することを、ほかの利用者に伝えておくと安心です。

すぐに介助するのではなく、利用者さんに対して
どのような声かけやかかわり方をしたら
安心してもらえるのかを考えることが大切なんだね！

Part 2

介護場面

介護場面での
リスクの視点
かあ……

ふだんの
対応でリスクを
招いていないか
学ぼう！

1 移動・移乗

① 転倒した利用者は、すぐに起こしたほうがよい?!

大丈夫ですか？
起こしますね！

起こして〜

考えてみよう！ 転倒した場合は、すぐに起こすのがよいのかな？

　目の前で利用者のCさんが転倒してしまいました。「起こして」
と言って手を伸ばしていますが、どこかに痛みがあるようです。介
護職のAさんはCさんをすぐに起こそうとしました。

 かたい床に転んだままだと痛そう。「起こして」と言っているし、すぐに起こしてあげたほうがいいよね？

 どこかを痛めている可能性もあるよ。急に動かすことで悪化しないかな？

確認しよう！　どこがダメなの？

チェック 1　すぐに起こそうとしている！

　骨折や脱臼、皮膚の剥離などのけがをしている可能性があります。その場合、急に動かすことで、骨や関節がずれたり傷口が開いたりするなど、患部がさらに悪化するおそれがあります。

チェック 2　体調の確認をしていない！

　転倒による急な衝撃や、それに伴う血圧の変動があるかもしれません。特に高齢者の場合は影響が大きく出ることもあります。そもそも、体調の問題が起因となり転倒につながった可能性も考えられます。

チェック 3　福祉用具が破損している可能性がある！

　利用者が杖や歩行器、車いすといった福祉用具を使用していた場合、転倒したときの衝撃で破損している可能性があります。福祉用具に破損があるまま使用してしまうと、けがなどの危険を伴います。

すぐに起こしてしまうことで、利用者さんの状態を悪化させてしまうことがあるんだね！

ポイント 1　全身状態を観察し、痛みのある場所を確認する

全身状態を観察し、痛みのある場所などを慎重に確認したうえで、からだを起こすようにしましょう。理学療法士や看護師などほかの専門職がいる場合は、けがなどの状況について一緒に確認し、その後の対応について検討しましょう。

ポイント 2　血圧の変動があれば、安定するまで様子を見る

急激な血圧の上昇や下降がないかなどを確認しましょう。数値に変動があれば、安定するまで様子を見てからからだを動かしたほうがよい場合もあります。

ポイント 3　福祉用具に破損などの影響がないか点検する

利用者が福祉用具を使用している場合、起き上がったときのことを考えて、使用していた車いすや杖や歩行器などに破損などの影響がないかを点検してから使用することが大切です。

● からだの状態を観察したうえで動かそう

　利用者が転倒してしまったときには、介護職も驚いて動揺してしまうことがあると思います。すばやい対応は必要ですが、その対応方法を間違えると、かえってけがや体調を悪化させてしまう可能性があります。**すぐに起こさずに、全身状態を観察したり、痛みのある場所を確認したり、血圧の変動がある場合は安定するまで様子を見る**などして対応しましょう。

　また、他職種との連携も大切です。一人で何とかしようとあせらず他職種に連絡して、できる限り複数で対応することが、安全で確実な対応につながります。

どこが痛むのかを具体的に伝えられない
利用者さんもいるから、からだの状態を
観察したうえで対応することが大切だよ。

2 フットサポートの確認は 移動の前だけでよい?!

移動の前に
確認したのに……

考えてみよう！ 足を乗せていれば安心ではないのかな？

　利用者のDさんは車いすでの介助が必要です。介護職のBさんは移動する前に、フットサポートにDさんの足が乗っているのを確認していましたが、移動中に床とフットサポートの隙間にDさんの足を巻き込んでしまいました。

移動の介助をする前に、ちゃんと足がフットサポートに乗っていることを確認しているけど……

最初に確認していれば大丈夫なのかな？

確認しよう！　どこがダメなの？

チェック **1**　　移動の前だけしか安全確認していない！

　移動の前に姿勢や安全を確認していても、移動中に利用者が自ら動いたり、無意識に足が動いたりして、フットサポートから足が落ちてしまうことがあります。

チェック **2**　　足の状態を観察していない！

　車いすのフットサポートに足が乗っていることは確認していますが、足の状態の観察はできていません。足が前に突っ張りやすかったりむくみがある利用者は、特に足が落ちやすいため、注意が必要です。

最初に確認しておけば、移動中は
安心だと思っていたなあ……

どうしたらいいの? 足が落ちるリスクに目を向けよう

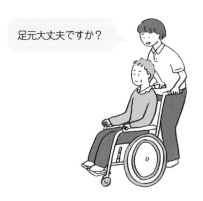

足元大丈夫ですか?

ポイント 1　移動中も、こまめに足の状態を確認する

　介護現場において、車いすでの移動の介助中にフットサポートから足が落ちて床とフットサポートの隙間に巻き込みそうになる場面は少なくありません。車いすを押していると利用者の足元が見えにくくなるため、車いすでの移動の介助中も、こまめに足の状態を見るようにしましょう。

ポイント 2　足が落ちやすい状態の利用者なのかを把握しておく

　足が前に突っ張りやすかったり、むくみによる肥大などでフットサポートから足が落ちやすい状態の利用者であるかどうかを、介助の前に把握（はあく）しておくようにします。また、車いす自体の選定も検討したほうがよい場合もあります。例えば、足が突っ張ってしまって膝（ひざ）を 90 度に保てない人には、フットサポートの位置や角度を調整できる車いすが適しています。

● 移動前だけでなく、移動中も常に安全確認をしよう

　車いすの介助では**移動前だけでなく、移動中も利用者の安全に常に配慮する**ことが必要になります。移動前に足をフットサポートに乗せていても、足が落ちやすい状態の利用者もいるため、こまめに確認するようにします。また、足だけでなく、手（腕）の状態にも注意して介助するようにしましょう。肘かけから手（腕）が外側に落ちてしまうと、車いすのタイヤで擦って皮膚を傷つけたり、巻き込んだりする可能性があります。

体幹の保持が難しい利用者の場合

　体幹の保持が難しい利用者の場合は、移動中に姿勢が前かがみになっていないかを確認します。また、急な減速や急停止をしてしまうと、転落する危険性が高いです。利用者から目を離さないようにするだけでなく、急に止まったりしないように注意しましょう。

車いすを押しているときにも
確認が必要なんだね！

動いているときに巻き込まれやすい
足や手（腕）には注意しよう。

3 基本動作が自立している利用者には 介助しない?!

Eさんは一人で
移動できるし、
介助の心配はないかな!

考えてみよう! 自立している利用者は安心と思ってよいのかな?

　利用者のEさんは、移動には車いすを利用していますが、ADL（日常生活動作）は自立しているため、介護職のAさんは介助や見守りは必要ないと思って離れたところにいます。

日常での生活動作を自分で行えているなら安心だよね?

安心して何もしなくていいのかな。思わぬリスクがあるかもしれないよ。

確認しよう！　どこがダメなの？

チェック 1　車いすに不備がある可能性がある！

　日々使用している車いすに不備があることもあります。ADL が自立しているからと目を向ける機会が減り、タイヤがパンクしているのにそのまま乗っていたり、ブレーキが故障していたりすることに気づかずにいると、移乗の際に転倒につながることがあります。

チェック 2　適切に使用できない場合もある！

　基本的に自力で移動して生活している利用者でも、福祉用具を適切に使用できない状況があるかもしれません。例えば、ブレーキのかかっていない車いすに移乗しようとしてバランスをくずすことが考えられます。また、フットサポートを下ろしたまま車いすからいすやベッドに移ろうとして、そのフットサポートにつまずいて転倒することも考えられます。

チェック 3　動作が不安定になることがある！

　体調不良や疾患の影響により、動作が不安定になることも考えられます。いつもどおりにできずに転倒や転落などの事故に至る可能性もあります。

動作が自立していたとしても、
起こり得るリスクはあるんだよ。

どうしたらいいの？　　自立していても目を向けるようにしよう

ポイント **1**　　環境を整備する

利用者が ADL を維持するためにも、車いすの点検は定期的に実施しましょう。

また、ベッドのストッパーがかかっているか、ベッドやトイレの手すりにぐらつきがないかなど、つかまる場所を中心とした周辺環境の確認も必要です。

ポイント **2**　　使用する前に安全確認する

利用者が適切に使用できるように、車いすを使用する前に、ブレーキがかかっているか、フットサポートは上がっているかなどを確認するようにしましょう。

ポイント **3**　　体調の確認をする

体調の確認は、ADL が自立している利用者かどうかにかかわらず、リスク管理の面で重要となります。体調がよくない場合でも無理してしまう利用者もいるので、体調の程度によってはサポートするようにします。

主な車いすの点検のポイント

- ☑ タイヤのパンクの確認
- ☑ タイヤの空気の入れ具合
- ☑ ブレーキのかかり具合
- ☑ ねじのしまり具合

● ADLが自立していても安心しないようにしよう

　介護の現場では、どうしても身体介助が必要な利用者、いわゆる「全介助」「一部介助」が必要とされている利用者に目が向きがちです。しかし、ADL が自立している利用者であっても、福祉用具を適切に使用できていなかったり、体調不良などによって動作が不安定になったりすることが考えられます。こうした場合には、転倒や転落などにより思わぬけがにつながる可能性があるため、**ADL が自立している利用者にも目を向ける**ことが大切です。福祉用具が適切に使用できる状態になっているか、体調不良はないかなど、利用者一人ひとりにおいて配慮や観察が必要な点を確認しておくようにしましょう。

　また、直接のリスクにつながるわけではありませんが、例えば部屋の温度が適切か、パッドが正しく使えているかなども、体調や清潔保持に影響するため、確認が必要です。その人の尊厳と自尊心に配慮しながら支援していくことが大切です。

ADLが自立している利用者さんにもきちんと
目を向けてかかわることが大切だね！

4 移乗介助は、ただ移れればよい?!

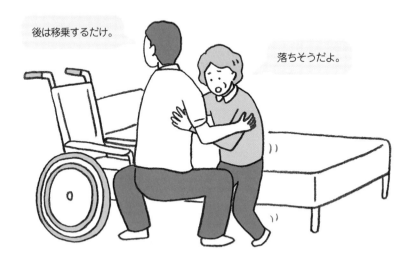

後は移乗するだけ。

落ちそうだよ。

考えてみよう! なぜ、すべり落ちてしまいそうなのかな?

　介護職のAさんは利用者のFさんを起こし、ベッドから車いすへの移乗介助をしようとしています。しかし、Fさんは浅く座った状態になっていて、移乗する前にベッドからすべり落ちてしまいそうです。

座れているんだし、後は移乗介助をすればいいんじゃないのかな?

座れていれば安心だと思っていないかな。座る位置はどうなっているかな?

確認しよう！　どこがダメなの？

チェック 1　寝ている位置を考えずに起こしている！

　Ｆさんはベッドに浅く座った状態になっており、すべり落ちそう
になっています。これは、移乗介助をしようとして起こしたときに、
Ｆさんがベッドの手前に寝ていることを確認していなかったことが
原因です。

チェック 2　起こした後の端座位の状態まで確認していない！

　ベッドから起こした後の端座位の状態まで確認していないと、利
用者が浅く座っていることに気づくことができません。

起こしたときの座位の位置は
寝ている位置と関係しているんだね。

移乗介助をするためにただ起こすのでは
なく、ベッド上の利用者さんの状態を
きちんと把握しよう！

037

ポイント 1 寝ている位置を確認する

　寝ている位置を確認し、その状態から起こしたら座位がどうなるかを考えましょう。浅く座った状態にならないように、寝ている位置が介護職側に寄りすぎていれば奥側に調整してから起こすことが大切です。

　一方で、介護職から見てベッドの奥側に寝ていれば、足がベッドから下りにくいため、まずはからだを少し手前に移動する必要があります。

ポイント 2 端座位の状態を確認する

　端座位になったときに浅く座ってしまっていないかを確認することが必要です。起こしたときに浅く座った状態になって利用者がすべり落ちそうであれば、一度深く座り直してもらうようにしましょう。

● 移乗する前の状態を確認するようにしよう

　移乗介助では、移乗することに集中してしまい、端座位の状態を確認できていないことが多くあります。その結果、ベッドからすべり落ちてしまうことにつながったりします。

　介助をはじめる前に利用者の同意や体調を確認するのはもちろん、利用者の寝ている位置や起こした後の端座位の状態についても確認するようにしましょう。そうすることで、移乗するための適切な状態を整えることができます。このように、**移乗する前がどのような状態なのかを確認したうえで移乗介助を行う**ようにしましょう。

 こんな対応をしていないかな？

　浅く座っている状態の利用者に深く座り直してもらうときに、介護職が前からかかえて奥に座らせようとすることがあります。しかし、これは利用者にとっては不快となり、介護職の腰への負担にもつながります。

＜適切な座り直しの一例＞

　介護職が利用者に向き合って、片膝でしゃがんだ姿勢になり、利用者のお尻を片方ずつ少し浮かせて、前から押すように奥へ座り直してもらいます。このとき、利用者の膝を介護職の胸あたりで支えて押すようにします。

5 歩行介助の際は、
付き添っていれば安心?!

あっ!!

考えてみよう！ 付き添っているはずなのに、なぜ転倒してしまった
のかな？

　利用者のGさんは、一人で歩くことはできますが、たまにふらつ
きがあるので介護職のBさんが付き添って歩いています。しかし、
Gさんは転倒してしまいました。

介護職が付き添っていても転倒するってことなのかな？

本当にそうかな？ 「歩ける人」という意識から安心してし
まっていることもあるかもしれないよ。

確認しよう！ どこがダメなの？

チェック **1** 付き添うだけになっている！

　Gさんはふらつくことはありますが、一人で歩けるため、Bさんは付き添って歩いているだけになっています。

チェック **2** 進行方向だけを見ている！

　介護職は、実際には利用者ではなく、進行方向だけを見ていることが多いため、利用者がバランスをくずしても、その状況に気づくタイミングが遅れてしまいます。

チェック **3** 利用者との距離感が適切でない！

　利用者を支える際に、距離が近すぎると歩行のさまたげになる可能性があります。また、遠すぎても支えることができなくなります。

支えるには近ければ近いほどいいと
思っていたけど……
どのような位置で見守るといいのかなあ？

どうしたらいいの？ 利用者の様子を常に意識して見守ろう

ポイント 1　バランスをくずす可能性があることを常に意識する

　歩行にふらつきがみられる利用者は、バランスをくずしてしまう可能性があることを常に意識して見守る必要があります。

ポイント 2　利用者の全身を確認しながら歩く

　進行方向や足元を確認することも大切ですが、利用者がバランスをくずしてもすぐに対応できるように、利用者の全身を確認しながら歩くことが大切です。

ポイント 3　利用者のさまたげにならず、支えられる位置にいる

　介護職は利用者の真横ではなく、少し斜め後ろに位置すると、つまずいたときに気づきやすく、支えることができます。それぞれ歩幅や体格なども違うので、介護職が利用者をどの位置で見守っていると歩きやすく、転倒を防ぐことができるのかを考えておくことも大切です。

● 利用者の動きに対応できるようにしよう

　一人で歩くことができる利用者の歩行を見守る場合、進行方向ばかりに意識が向き、付き添っているだけになってしまいがちですが、ふらついたり転びそうになっても支えられるよう、**利用者の全身を確認しておく**ことが大切です。麻痺や疾患、けがの後遺症などがある場合は、からだの状態に合わせて介護職の立つ位置を決めておきましょう。

　一方で、からだの状態や本人の性格などによって、すぐ近くで見守られることをいやがる人もいます。転倒のリスクが低ければ、利用者の意思を尊重し、少し離れたところから見守ることが必要となる場合もあります。

 車いすのほうが安全？

　利用者の転倒を防ぐために、車いすを使用したほうが安全ではないかという意見があります。しかし、リスクを避けるために利用者ができる動作をする機会を安易に奪うことは、自立の可能性を閉ざすこと、機能の低下を招くこと（転倒リスクの増大）、本人の尊厳を奪うこと（意欲の低下）につながりかねません。それらをふまえたうえで慎重に対策を検討し、利用者や介護職同士で共有することが大切です。

利用者さんの全身を確認できるように、少し斜め後ろの位置で見守るといいんだね！

6 立ったり座ったりできれば危険はない?!

立ったり座ったりは
いつものことだし……

考えてみよう! 立位がとれれば、危険はないのかな?

　認知症のある利用者のHさんは、立位をとることは可能ですが、歩くことができないため、車いすを使用しています。車いすから立ったり座ったりする動きをくり返すことがありますが、介護職のBさんはそのままにしています。

立ったり座ったりしていても、立位がとれるなら特に危険はないんじゃないかな?

車いすはいすと違って動くから不安定にもなるよ。それになぜ、Hさんは立ったり座ったりしているのかな?

確認しよう!　どこがダメなの?

チェック 1　車いすが動いてしまう危険がある!

　Hさんは立位はとれますが、車いすのブレーキをいつもかけているとは限らず、触ってはずれることもあり、立ったり座ったりをくり返しているうちに、車いすが後ろにずれて座りそこなう危険があります。また、ブレーキをかけていたとしても後ろにずれることもあります。

チェック 2　立ったり座ったりする理由を考えていない!

　利用者が立ったり座ったりするのにも理由があります。例えば、トイレに行きたい、長時間座っていることによりお尻が痛いなどが考えられますが、ここではそうした理由を考えていません。

チェック 3　車いすが、いすの役割になっている!

　車いすは本来、移動するための道具です。しかし、車いすをいすとして考えて、利用者を座らせたままにしてしまうと、長時間座っている利用者に負担を与えることになります。

車いすは安定しているものだと思い込んで、
危険については考えたことがなかったなあ。

どうしたらいいの? 利用者の負担を軽減するようにしよう

ポイント **1** 車いすは動くものと認識する

　座っているときでも車いすは動いてしまうことがあり、転倒につながる危険があります。車いすに座っているときは、ブレーキがかかっているか確認しましょう。立位がとれる利用者でも、車いすに適切な姿勢で座れているか、フットサポートを下ろしたまま立ち上がることがないかなどを見守るようにします。

ポイント **2** 利用者が立ったり座ったりする理由を考える

　認知症によりうまく言葉で意思を伝えられない利用者の場合は、車いすから立ったり座ったりする理由について、その人の日頃の様子を観察したり、コミュニケーションを図ったりして把握することが大切です。それによって、トイレのサインであれば誘導する、お尻が痛いというサインであればクッションを使用したり臥床時間を設けるといった、原因をふまえた対応が可能になります。

ポイント **3** できる限りいすに座ってもらう

　車いすは移動するための道具であるため、長時間座らせることのないようにします。移動を終えたときや、移動しないときはいすに座ってもらうことで、利用者の負担を軽減できます。

車いすを使用しているからといって、座るのも車いすのままでいいわけではないんだよ。車いすの役割を確認して、利用者さんの負担にならないようにしよう。

● 利用者にとっての快適性を優先的に考えよう

　認知症のある利用者のなかにはうまく言葉で意思を伝えることができず、立ったり座ったりする動きをくり返す人もいます。立位がとれるからといって、見守るだけになってしまったり、何も理由を確認せずに立っているから座らせるというような対応にならないように、利用者の行動の理由について考えるようにしましょう。

　介護職の都合ですぐに移動できる車いすは、長時間座るいすとして使われがちです。しかし、**利用者にとっての快適性を優先的に考え**、いすに座ってもらうようにしましょう。

　また、立ったり座ったりをくり返す利用者に対して、リスクを減らそうと“立ち上がりにくくする”目的で低いソファなどに座らせることは、身体拘束にあたります。一方で、お尻の痛みへの対応としてソファに座ってもらう場合は、身体拘束にはなりません。つまり、目的によってケアの意味が大きく変わるため、介護職本位になっていないか見つめ直すことが大切です。

 ### 車いすに座るときの注意点

　車いすで自力で移動ができる利用者のなかには、車いすに座っていることを希望する利用者もいるため、本人の希望や意思に寄り添うようにします。

　車いすに座る場合、ブレーキをかけていても、フットサポートの上に立ち上がると危険です。座っている間は、フットサポートから足を下ろしてもらうようにサポートしながら、利用者の様子を観察することが大切です。

2 食事関係

① 配膳とは、ただ食事を配ること?!

食事ですよ。

考えてみよう! 配膳すればそれでよいのかな?

　利用者のⅠさんは認知症があり、食べ物に対する認識も低下しています。介護職のAさんが配膳をすませてその場を離れたところ、Ⅰさんはラップを口に含んでしまいました。

Ⅰさんに配膳して声かけもしたから問題ないと思っていたけど……

食べ物に対する認識が低下していることを把握しているのなら、ラップなど食べ物以外の物も意識する必要があるんじゃないかな?

確認しよう！　どこがダメなの？

チェック 1　　配膳だけで終わっている！

　配膳のときに「食事ですよ」と食事を配ったことを伝える声かけだけをし、その場を離れてしまっています。そのため、I さんは、食べられない物があるかどうか認識できずに口に入れてしまうことになります。また、素材や温度に注意できていないことで、やけどや誤嚥のリスクがあったり、声かけの内容によっては献立に意識が向かず、食事を楽しめないことにつながります。

チェック 2　　食べ物と食器以外の物がのっている！

　食器にかかっているラップ、ヨーグルトのふた、ストローの袋など、配膳する際に食べ物ではない物が付いたままの状態になっていると、異食（食べ物ではない物を口に入れてしまうこと）の可能性があります。また、ふだんの食事形態とは異なる物が口に入ることで、誤嚥や窒息にもつながってしまいます。

食事は利用者さんの状態に合わせて
用意されているから、後は配膳すれば
いいと思っていたなあ。

どうしたらいいの？ 配膳だけで終わらせないようにしよう

ポイント **1** 献立の内容など食事にかかわることを伝える

配膳の際に食事を配ったことを伝える声かけだけをして離れるのではなく、献立の内容や、食器の種類や温度、箸の位置など、食事にかかわることを説明するようにしましょう。どのような食事なのかがわかることで、食事を楽しむことにもつながります。食事をしっかり認識し、楽しむことは誤嚥などのリスクの軽減につながります。

ポイント **2** 口に含んでしまいそうな物がないかを確認する

配膳する直前にも、口に含んでしまうと誤嚥や窒息などにつながる物がのっていないかを確認したうえで配膳するようにしましょう。一方で、異食の可能性があるからとその他のテーブルにある物をすべて片づけてしまうと、殺風景で無機質になりすぎて、利用者を不安にさせてしまう場合もあります。介護職が利用者の認識にはたらきかけるように説明するなどしてリスクを抑えつつ、生活感がない環境にしないようにすることも大切です。

配膳した食事は合っている？

利用者の摂食・嚥下機能に合っていない形態の食事を誤って配膳してしまうことで、利用者が誤嚥や窒息に至る可能性があります。
食事形態別にリスト化したり、名前を書いた札を付けたりして、食事形態がその利用者に合っているのかをよく確認してから配膳しましょう。

● **配膳の際は、食事の説明もきちんとしよう**

　介護職が忙しかったり、配膳中にほかの利用者に呼ばれて対応したりしていると、つい利用者の前に食事を置くだけになってしまうことがあります。特に、食べ物に対する認識が低下していることで異食の可能性がある利用者には、**事を配膳したことのほかに、献立や食器の種類、温度など、食事にかかわることについて丁寧に説明する**ようにしましょう。また、誤嚥や窒息につながらないように、口に含んでしまうと危険がある物は配膳の前に確認し、取り除いておいたり、口に含まないように利用者を見守ったりするようにします。食事の場の雰囲気を考え、必要以上に周りから物を片づけることがないようにすることも大切です。

 食事しやすい環境を整える

　テーブルといすの距離や高さ、利用者の姿勢だけでなく、介護職の声かけや食器、自助具の工夫も大切です。利用者が自分で食事をしやすいように環境を整えることで、誤嚥や窒息の予防につながります。

配膳のときは、食事の内容などをきちんと伝えることも大切だよ。それによって、食事を楽しむことにもつながるよ。

051

② 食事介助とは、口に運ぶだけ?!

あ、どうしよう……
お茶をすすめなきゃ。

ゴホッゴホッ

考えてみよう! なぜ、食事介助をしているのにむせるのかな?

　介護職のBさんは利用者のJさんの食事介助をしていましたが、介助中にJさんはむせてしまいました。むせている様子を見て、Bさんは落ち着かせるために水分をとってもらおうとしています。

食事介助をしているのにむせてしまうの?

食事介助の方法によっては、むせにつながるよ。Bさんは、むせているJさんに水分をすすめているけどいいのかな?

確認しよう! どこがダメなの?

チェック **1** 姿勢によっては誤嚥などにつながる!

　正しい食事の姿勢になっていないと、食べ物が飲み込みにくくなり、誤嚥などにつながる可能性があります。

チェック **2** 介護職のペースで口に運んでいる?!

　一人ひとり食事のペースは異なります。利用者が飲み込んだことを確認せずに、介護職のペースで次々に食べ物を口に運んでしまうと、むせを起こしてしまいます。

チェック **3** 水分をすすめている!

　介護職は利用者がむせている様子を見て、落ち着かせようとして水分をとってもらおうとしています。しかし、水分であっても、さらに口に物が入ることで余計にむせを起こす可能性があります。

確かに、むせているときに無理に水分をとるのは
大変だし、余計にむせてしまうかもなあ。

どうしたらいいの？ 食事の姿勢やペースを確認しよう

ポイント 1　正しい姿勢で食事をする

　食事の際は、正しい姿勢で食事をすることが誤嚥の予防になります。あごが引けている、足の裏が床や足台についている、食事が見える高さに座っているなど、正しい姿勢になっているかを食事の前に確認し、食事中も気をつけましょう。利用者の同意を得て、正しい姿勢を写真に撮り、介護職同士で共有するのも一つの方法です。

ポイント 2　利用者の食事のペースに合わせる

　利用者がふだん食事をどのようなペースで食べているかを把握しましょう。口に入れる食べ物が飲み込める量になっているか、しっかり飲み込んでいるかを確認することも、介助するうえでは大切です。また、食事中に眠気があると誤嚥のリスクが高くなるため、しっかり目が覚めている状態であるかも見ながら介助しましょう。

ポイント 3　むせがおさまるのを待つ

　食べ物でむせているときに水分をすすめてしまうと、どんどん口に含むことになり、余計に苦しくなってしまいます。あわてず、からだをさするなどして、いったんおさまってから水分をすすめるようにします。

● 利用者の食事の様子をきちんと観察しよう

　食事介助とは、ただ食事を口に運ぶだけではありません。利用者が食事を楽しみ、栄養を確保できるようにすることはもちろん、できる限り安全に提供することが大切です。そのためには、**食事の姿勢、いすとテーブル・自助具などの環境、声のかけ方や口に運ぶ食事の量・スピード**など、介護職が配慮すべき点は多くあります。もし、利用者がむせてしまったときは、水分などをすすめると余計に苦しくなってしまうので、**あわてずにおさまるのを待つ**ことが大切です。

　利用者の食事環境を整え、丁寧に介助を行うことで、誤嚥のリスクを軽減していくことにつながります。

気をつけるのは介助が必要な利用者だけ？

　自分で食べることができる利用者の場合も、勢いよく食べたり、飲み込みにくいものがあったりすると、むせてしまうことがあります。その際に、水分で流し込もうとする利用者もいます。介助が必要ない利用者の場合でも、どのように食事しているのかなどを注意して見ておくことが大切です。

食事環境を整えて、利用者さんのペースに
配慮しながら介助するようにしよう。

3 食事介助が必要なければ、何も心配はいらない?!

Kさんは一人で
食べられるから
大丈夫なはず。

考えてみよう！ 食事介助が必要ない利用者には注意を向けなくてよいのかな？

　利用者のKさんは、自分で食べることができるため、介護職のAさんもあまり注意を向けていない状況です。Kさんは、はじめにご飯を食べようとしたところ、喉に詰まらせ、窒息しそうになってしまいました。

自分で食べることができるなら注意しなくてもよさそうだよね？

自分で食事ができる人がどのように食べているのかを把握できていないと、喉に詰まらせる可能性もあるよ。

確認しよう！　どこがダメなの？

チェック 1　ふだんの食べ方を把握できていない！

　自分で食べることができる利用者であるため、自分で注意して食べているだろうと思い込み、あまり注意が向けられていません。そのため、その人のふだんの食べ方まで把握できておらず、口が渇いているにもかかわらず、水分をとらずに食事をはじめるなどのリスクにも事前に気づくことができなくなります。

チェック 2　食べやすさへの配慮ができていない！

　自分で食べることができる利用者に対しては、食べにくいものがないかなどの配慮ができていない可能性があります。例えば、パンを切らずに出し、利用者がそれをちぎらずに勢いよく食べてしまうことで、窒息につながってしまう可能性もあります。

チェック 3　ご飯から食べている！

　Kさんは、はじめにご飯を食べているため、口の中が渇いたまま食べることになっています。ご飯以外の食事の種類によっても、口の中の水分が奪われることで、さらに口が渇いて飲み込みにくくなり、窒息の危険が高まります。

自分で食べることができる利用者さんでも、
介護職が気をつけるべきことがあるんだね！

057

どのように食べているのかを把握しよう

ポイント 1　食事の習慣や傾向を把握する

　介助が必要ない利用者でも、食事の習慣や傾向はさまざまです。一品ずつ食べ、水分は最後にまとめてとるなどの食事の習慣があるのか、途中で寝てしまったり、口に詰め込んだり丸のみしてしまったりする傾向があるのかなど、ふだんからよく観察します。詰め込む傾向がある場合は食事の際にしっかり様子を見るようにします。

ポイント 2　食べやすさに配慮する

　食べやすさにも配慮した対応をすることで、自分で食べることができる利用者の誤嚥や窒息の予防につながります。例えば、食事中に声をかける、途中で水分を促す、食べ物によっては小さくカットするなどの対応があります。

ポイント 3　まずは水分を促す

　口腔内が乾燥していると、咀嚼や飲み込みがしにくくなるため、自分で食べることができる利用者であっても、食事を出す際には、最初に水分をとってもらうように促しましょう。特に朝は口腔内が乾燥しているため、起床時の口腔ケアも重要です。

　パンや魚、芋類は口の中の水分が奪われやすい食べ物なので、事前に献立を確認し、気をつけるようにしましょう。また、どのような物を食べてむせるのかという傾向を把握しておくことも大切です。

● 自分で食べることができる利用者であってもリスクが あることを知ろう

　食事に限ったことではないですが、介護職は直接的な介助が必要な利用者に特に目が向きがちなため、自力でできる利用者への配慮がついおろそかになり、誤嚥や転倒などのリスクに気づきにくい場合があります。

　食事の際には、自分で食べることができる利用者でも、**食事の習慣や傾向について把握しておく**ことが大切です。介護職が、観察や配慮すべき点をふまえて食事の際にしっかり様子を見るようにしておくことは、リスクを最小限にするだけでなく、利用者が自分で食べることを維持していくことにもつながります。

こんな対応をしていないかな？

　食事の前に水分をとってもらうように促すことは必要です。しかし、提供する飲み物の温度には注意しなければなりません。温かい飲み物は"熱い"ほうがよいと思って出すと、感じる温度は人それぞれ違うため、やけどをしてしまう利用者もいます。熱いものが好きな人なのか、猫舌の人なのかなど、利用者の嗜好を把握したうえで飲み物を提供することが大切です。

食事の習慣、食べ方の傾向は人それぞれ。
それをリスクがあるからと変えてしまうのではなく、
尊重して介助することが大切だよ。

4 食後は仰向けで休んでもらう?!

ご飯も終えたし
Lさん、横に
なりましょう。

考えてみよう!　食後すぐに仰向けになってもよいのかな?

　介護職のBさんは、利用者のLさんが食事を終えたので、すぐに部屋に誘導し、仰向けに寝てもらいました。

食事の後はゆっくりしたいよね?

食後すぐに動いて仰向けに寝たら、どんな感じになるかな。
苦しい思いをさせてしまっているかもしれないよ。

確認しよう！　どこがダメなの？

チェック **1**　食べてすぐに動いている！

　介護職は、食後すぐにLさんを部屋に誘導しています。消化できていない状態のまますぐに動いてしまうと、気分が悪くなってしまう可能性があります。

チェック **2**　仰向けに寝ている！

　食後、仰向けに寝ることで、消化のさまたげになり、気分が悪くなることもあります。また、もし嘔吐してしまった場合、仰向けだと吐物で窒息してしまう可能性があります。

確かに、食後すぐに動くと苦しくなったり、
おなかが痛くなったりすることがあるよね。

どうしたらいいの？ 食後は時間をおくようにしよう

ポイント **1** 30分ほど時間をおく

　食後、すぐに部屋に誘導するのではなく、トイレに行く場合など
を除いては、30分ほど経ってから動いてもらうようにしましょう。
介護職が交代した場合は、利用者が食事を終えてからどのくらい
経ったのかをほかの介護職に確認してから誘導するようにしましょ
う。

ポイント **2** 横向きで寝てもらう

　食後すぐに横になる場合は、姿勢は仰向けではなく、横向きで寝
てもらうようにします。胃腸の構造上、右向きのほうが消化によい
といわれていますが、麻痺があったり、利用者の体調や気分によっ
ては向きを変えたほうがよい場合もあるので注意しましょう。

 口腔ケアも欠かさずに！

　食後は口腔ケアを欠かさず行いましょう。残渣物を取り除かずに寝て
しまうと、喉に詰まったり、誤嚥して肺炎を起こしたりする可能性があ
ります。
　自分でできる利用者は自分でやってもらい、みがき残しを確認したほ
うがよい利用者であれば口腔内を観察し、残渣物がないか確認します。
口の周りや手指も清潔にしておくことが大切です。

● 食後の消化を待ってから寝てもらうようにしよう

　加齢に伴う胃や食道の機能低下によって、高齢者は、胃の中の物の逆流が起こりやすくなります。そのうえ、食後すぐに動いたり、仰向けに寝たりすることによって、気分不快による嘔吐や、吐物による窒息や誤嚥などにつながってしまう可能性があります。まずは、**食後に時間をおき、消化を待ってから動いてもらう**ようにします。食後すぐに横になる必要がある場合は、横向きの姿勢で寝てもらうようにしましょう。

ベッド上での食事の場合

　体調などにより、ベッド上で食事をする利用者の場合は、食後すぐにベッドを平らに倒さないように気をつけましょう。ベッドの背部を高く上げたままにしておくと利用者に負担がかかる場合もあるので、利用者の様子を見ながら、食後少し倒して、時間が経ったら平らに倒しましょう。

食後は時間をおいて、利用者さんの様子を確認したうえで寝てもらえば、気分の悪化を防ぐことができるよ。

3 排泄介助

① 清潔にするつもりが傷つけてしまう?!

しっかりふかなきゃ。

考えてみよう！　ふき方で傷つけてしまうことがあるのかな？

　介護職のAさんは、利用者のMさんのおむつ交換をしています。おむつの中に多量の排便があったため、きれいにしようと必死にふいていたところ、殿部の皮膚が赤くなってしまいました。

一生懸命にふいてきれいにしようとしているよね？

高齢者の皮膚は弱くなっているよ。皮膚を傷つけるふき方になっていないかな？

確認しよう！　どこがダメなの？

チェック 1　洗浄していない！

　おむつの中に多量の排便があるということは、陰部も便で汚れている可能性があります。殿部をふく前に、陰部も含めて洗浄し、清潔な状態にしておかないと、尿路感染などの原因になります。

チェック 2　力を入れてこするようにふいている！

　高齢者の皮膚は乾燥しているなど、弱くなっているため、殿部をきれいにしようと必死になるあまり、力を入れてこするようにふいてしまうと、皮膚が剥がれてしまったり傷つけてしまったりする可能性があります。

ふいて清潔にすることだけ
考えていたなあ。

ポイント **1** 清拭だけでなく洗浄も行う

おむつの中に多量の排便がある場合、清拭だけではなく、洗浄もする必要があります。尿路感染の予防や、殿部の皮膚へのダメージを最小限にするために、洗浄して流したり、湿潤させながら清拭したりするようにしましょう。

ポイント **2** 押さえるように動かしてふく

こするようにふくのではなく、湿ったタオルで押さえるように動かして、少しずつ汚れをふき取っていきます。

 皮膚の状態を観察する！

おむつ交換の際は、殿部を清潔にするだけではなく、皮膚の状態に変化がないかを観察し、オイルやクリームといった保湿剤などを使用して皮膚を保護することも大切です。

おむつ交換は、利用者さんの皮膚の状態を観察しながら行うことが大切だよ。

● おむつ交換で皮膚を傷つけないようにしよう

　おむつ交換では、洗浄をしないことで感染につながったり、こするようにふいてしまうことで皮膚を傷つけてしまったりすることがあります。ほかにも、おむつ交換の介助で利用者の皮膚を傷つけてしまう場面があります。
・介護職の爪が長い、または割れているなどの原因で、皮膚を傷つける
・おむつのテープを引っ張ったときに皮膚とこすれ、擦り傷になる
・当てたおむつがずれていたので直そうと引っ張ったときに、殿部の皮膚を傷つける
・ズボンを下ろすために勢いよく引っ張り、殿部や大腿部などがこすれて赤くなる　　　　など
　こうしたリスクを防ぐために、爪は短く切りそろえ、介助の際は**利用者の皮膚を傷つけることがないようゆっくりと丁寧に行う**ようにしましょう。
　また、特に新人で慣れていないうちは、多量の排便を前にしてあせって段取りを忘れたり、介助に力が入ったり、物品が適切に準備できていないことで洗浄ができないといったこともあります。あせらず丁寧に順を追って介助することが大切です。

2 必要のない下剤を服用してしまう?!

あの……
申し送りを
忘れていました……

Nさんは排便が
ないようなんです。

考えてみよう! 利用者が下剤を服用する前に確認すべきことは?

　排便が一定期間なかった利用者のNさんは看護師の指示のもと下剤を服用することになりました。しかし、服用してもらう直前に、交代前の介護職がNさんに排便があったという申し送りを忘れていたことがわかり、Nさんは危うく不要な下剤を服用してしまうところでした。

 申し送りを忘れたことで薬の服用にも影響があるの?

 そうだよ。申し送りで情報を得ることは大切だよ。

確認しよう！　どこがダメなの？

チェック **1**　排便の情報が共有されていない！

　利用者の排便の記録は介護職同士や他職種と共有しますが、申し送りをする直前にあった排便の情報については共有されていません。そのため、担当であった介護職は把握できていても、交代した介護職には伝わらないままになっています。

チェック **2**　必要のない薬まで服用させることになる！

　十分量の排便があったにもかかわらず下剤を服用させることで、下痢や腹痛を引き起こす可能性があります。トイレに行く回数も増えることになり、利用者に苦痛を与えてしまうことにつながります。

必要以上に薬を服用させることは、利用者さんに苦痛を与えることになるんだね。

ポイント 1　口頭での伝達もする

　排便の記録を徹底することはもちろんですが、それだけでは落とし穴があります。例えば、1日24時間の記録により下剤の服用が決まるため、下剤が用意されてから実際に服用してもらうまでに時間が空くこともあります。その間に排便があった場合は、記録するだけでなく、口頭での伝達もして共有を徹底するようにします。また、自分でトイレに行く利用者には、排便の有無を確認するようにします。

ポイント 2　薬のリスクを認識する

　下剤の作用だけでなく、下剤を余分に服用することによる下痢や腹痛などのリスクについてしっかり学んでおくことが大切です。それらのリスクを意識しておくことで、薬の服用にも慎重になり、申し送りを忘れないことにもつながっていきます。

情報共有も大切だけど、薬の作用などについても
しっかり認識しておくことが大切だよ。

● 情報共有の大切さを知ろう

　情報共有の方法には、記録の帳票や介護記録ソフトなどの媒体と、口頭での申し送りがあります。記録による情報だけでは、下剤の服用が決まってから実際に服用してもらうまでの間に排便があった場合、必要な情報が得られない可能性があります。一方で、口頭での申し送りだけだと情報が十分に伝わらなかったりする可能性があります。そのため、双方の特徴をふまえて**情報の共有を図る**ことが大切です。

　下剤に限らず、誤った対応をすることによって起こるリスクの重大さと理由をしっかり認識し、現場で意識できるようにしましょう。

自然な排便につなげることを考える

　排便がしばらくないと下剤や座薬を使用することが多いですが、自然な排便ができていない要因を考えることも大切です。散歩や体操でからだを動かす、水分補給を促すなど、自然な排便につなげていくために介護職ができることはたくさんあります。

排便の量や形状の記録の仕方の統一も大切

　排便を記録するときに、「多い」「少ない」「いつもどおり」だと、記録を見た介護職によって思い浮かべる量が異なります。イラストや具体例などで、量や形状ごとの記録の仕方の基準を決めておくとよいでしょう。

3 介助中にほかの利用者に呼ばれたら、その場を離れる?!

Oさん、終わったら
呼んでください。

考えてみよう! 介助中に、ほかの利用者に呼ばれたらどうすれば
よいのかな?

　介護職のBさんは、付き添いが必要な利用者のOさんをトイレに
誘導し、ドアの外で待っていました。しかし、ほかの利用者が呼ん
でいて、Bさんのほかに対応できる介護職もいなかったため、Oさ
んに「終わったら呼んでください」と言ってその場を離れました。

ほかに呼んでいる利用者さんがいたら行ってしまいそうだけ
ど……

確かにほかに呼んでいる利用者さんもいるけど、Oさんのそ
ばから離れた後のことは考えられているかな?

072

確認しよう！　どこがダメなの？

チェック 1　付き添いが必要な利用者から離れてしまっている！

Bさんは、ほかの利用者の対応をするために、その場を離れてしまっています。Oさんは付き添いが必要であり、一人では転倒のリスクが高く、離れている間に自分で動いて転倒につながることが考えられます。

チェック 2　呼び出しのコールを認識できないことがある！

終わったら呼ぶように利用者に伝えていても、呼び出しのコールを押すことを忘れたり、そもそも呼び出しのコールの使い方を理解することが難しい人もいます。また、自分自身のからだの状態を理解できていないために、一人で動こうとして転倒につながる可能性もあります。

離れてしまうことで転倒が起こった場合、
転倒の原因もわからなくなってしまうよ。

ポイント 1 付き添いや見守りが必要な利用者かどうかを確認する

　基本はその場を離れないことが大切です。転倒のリスクがあることや、呼び出しのコールを使用するのが難しいことなどから、見守りが必要な利用者と判断しているはずです。この点をふまえて、トイレの際にその場を離れてもよい利用者かどうかを確認し、介護職同士で共有しておくことが必要です。

ポイント 2 言葉をかけて状況を把握する

　そばにいてほしいという人や、便が出そうでおなかをさすってほしいという人もいますが、見守るという目的だけで介護職がトイレ内に付き添うのは、羞恥心（しゅうちしん）への配慮（はいりょ）の観点から不適切な場合もあります。呼び出しのコールを認識できない利用者もいるので、介護職はトイレのドア越しに言葉をかけながらトイレ内の状況を把握（はあく）することが大切です。

 リスクや対応の優先度の共有

　例えば転倒のリスクのある利用者が複数同時に立ち上がった場合、介護職はよりリスクの高い人のところへ向かうことがあると思います。しかし、その優先度の認識が介護職により異なることが多いのではないでしょうか。優先度をつけるというと抵抗があるかもしれませんが、リスクの高さの認識を介護職間で共有しておくことは、万が一事故につながった場合に、利用者のけがなどのリスクを最小限にすることができます。また、対応した介護職を守ることにもつながります。

● 目の前の利用者から離れないようにしよう

　ほかの利用者に呼ばれてその場を離れてしまう状況は、どのような介護現場でも起こり得ることです。

　しかし、見守っている利用者に転倒のリスクがあるにもかかわらず、ほかの利用者のところへ行くのは、安全確保の観点から正しい選択とはいえないのではないでしょうか。安全を一時的にでも確保できなかったことと、呼ばれてすぐに行けなかったことでは、事故になった場合を考えると、見守っていた利用者から離れ、安全確保をおこたったことのほうが、事故の重大性としては大きいといえます。

　ほかの利用者のコールがなっていても、介護職としては目の前にも利用者がいて判断に困るときがあるかもしれません。それでも、**介助中の利用者が転倒するおそれがあるのであれば、まずは離れない**ことが重要です。家族ともコミュニケーションを図り、目の前の利用者から離れられないことでほかで転倒が起こってしまう状況もあり得ることを理解してもらえるように、あらかじめ説明しておくことが大切です。

その場を離れた後の利用者さんの
状況まで考えることができれば、
離れないことの重要さに気づけるね！

4 サイドレールがあれば安全?!

あれっ?! なんで。

痛いっ!

考えてみよう! なぜ、サイドレールに当たってしまうのかな?

　介護職のAさんは、ベッドで利用者のPさんの排泄介助をするために側臥位にしています。しかし、勢いあまってサイドレールにPさんの頭がぶつかってしまいました。

頭がぶつかってしまうことがあるなんて思ってもみなかったなあ。

サイドレールがあることで安心していないかな?　ベッドで介助するときには、からだに当たってしまう危険もあるよ。

確認しよう！　どこがダメなの？

チェック **1**　利用者とサイドレールとの距離を把握できていない！

　排泄介助の際に、利用者とサイドレールとの距離を確認しないまま側臥位にしてしまっています。サイドレールとの距離が近いと、利用者が横を向いたときに頭やからだがぶつかってしまうことになります。

チェック **2**　力を入れすぎている！

　利用者を側臥位にするときに、力加減がわからず力を入れすぎてしまうと、勢いよくサイドレールのほうに向くことになります。これでは、利用者の頭がサイドレールにぶつかるだけでなく、ベッドにうつ伏せ気味になり苦しい思いをさせてしまう可能性があります。また、勢いよくからだを動かしてしまうことで不安を与えることにもなります。

チェック **3**　手を巻き込む可能性がある！

　サイドレールとの距離が近いと、手を置く場所もせまくなってしまいます。利用者が自分で手を動かせない場合には、手の位置に気をつけないと、からだの下に手を巻き込み、痛めてしまう可能性があります。

ポイント **1** 介助の前に利用者の寝ている位置を確認する

　介助をはじめる前に、利用者の寝ている位置を必ず確認します。排泄介助を利用者の背面から行う場面で、ベッドの半分より奥側に利用者が寝ている場合は、介護職側に動かすなどして、側臥位になったときにからだがサイドレールに当たらないようにしましょう。

ポイント **2** からだをゆっくり動かす

　勢いよく介助するのではなく、利用者のからだはゆっくり動かしましょう。利用者の膝を曲げてから側臥位にする、サイドレールをつかめる人はつかんでもらうなど、体位変換の基本を確認することが大切です。

ポイント **3** 介助中も手の位置を確認する

　寝ている位置だけでなく、手の位置にも気をつけましょう。側臥位にした際に、手がからだの下に巻き込まれていないかどうかを確認するようにします。介助中も常に確認することが大切です。

● 介助の前に利用者の状態を確認しよう

　排泄介助をベッドで行う場合は、いきなり介助をはじめるのではなく、まずは利用者の状態を見るようにしましょう。はじめは緊張したり急いでしまったりして、力まかせで勢いよく介助してしまうことがありますが、それによってサイドレールに利用者の頭やからだがぶつかってしまうこともあります。介助をはじめる前に**サイドレールとの距離を確認したり**、**ゆっくりからだを動かしたりと**、一つひとつポイントを確認しながら介助を行うことで、利用者に安心感を与えることができます。

サイドレールとの距離まで
しっかり確認していなかったなあ……

寝ている位置や、全身の状態も
確認することが大切だよ。

4 入浴介助

1 発熱しているのに入浴に誘う?!

Qさん、入浴の時間なので起きましょうね。

考えてみよう! 発熱に気づかなかったのかな?

　利用者のQさんは発熱のため、ベッドで寝ていましたが、介護職のAさんがそのことを申し送りするのを忘れていました。申し送りになかったのでほかの介護職が気づかずに、Qさんを入浴に誘うために起こそうとしています。

起こそうとするときに熱があることに気づかなかったのかな?

申し送りで体調にかかわる報告がないと、利用者さんの様子を確認する意識も薄れてしまいがちだね。

　どこがダメなの？

チェック **1**　申し送りを忘れている！

　発熱があるという、利用者の体調にかかわる大切な申し送りを忘れてしまっています。体調についての情報を伝え忘れると、必要なケアができなかったり、不適切なケアにつながったりして利用者の状態を悪化させてしまう可能性があります。

チェック **2**　利用者の様子を見ていない！

　申し送りが忘れられたことで、ほかの介護職は発熱の情報を知らないままでいることになります。一方で、申し送りにないために発熱に気づかず起こそうとするということは、利用者の体調の変化を感じ取ることができていないともいえます。

申し送りにある情報だけ見て、
目の前の利用者さんの様子に
気づけていなかったかも……

どうしたらいいの？　体調の変化がないかを確認しよう

ポイント **1**　介護職間で情報を共有する

　申し送りや記録を忘れないことが基本です。申し送りのときだけではなく、ふだんから介護職間でコミュニケーションを図り、利用者に関する情報について共有していくことが大切です。

ポイント **2**　ふだんとの違いがないかを確認する

　たとえ申し送りで共有されなかったとしても、入浴前は体調を確認することが大切です。自分で伝えられない利用者の場合は、表情や顔色がすぐれない、熱感がある、声をかけても起きない、からだに力が入っているなど、ふだんとの違いがないかを必ず確認しましょう。

まずは利用者さんの体調を確認して、ふだんとの違いがないかを把握（はあく）するようにしよう。

● 申し送りでの共有の大切さを理解しよう

　体調にかかわる申し送りや記録を忘れてしまうと、入浴させてしまい体調が悪化してしまうなどの不適切な介助につながる可能性があります。**申し送りで情報を共有することの大切さ**を理解しましょう。

　しかし、申し送りの情報だけにとらわれていると、目の前の利用者の様子を確認する意識が薄れてしまうこともあります。利用者とかかわるときは、まずは体調について聞いたり、変化を観察したりして、**ふだんとの違いに気づく**ことが大切です。

　発熱や体調不良のときは、本人はもちろん看護師などの医療職とも相談し、中止にして翌日以降に振り替えたり、清拭(せいしき)にするなどの対応をしましょう。

ふだんとの違いに気づくには、申し送りの情報のほかに、利用者さんと日頃(ひごろ)からかかわっていることも大切だね！

② ふだんは一人で歩いているので 浴室でも大丈夫?!

考えてみよう！ 浴室はどんな環境かな？

　利用者のRさんはふだん一人で歩くことができるので、介護職の
Bさんは「浴室でも大丈夫だろう」と思い、Rさんを浴室に案内し
た後、離れたところで様子を見ていました。すると、Rさんは転倒
しそうになりました。

一人で歩けるから大丈夫だと思ったけど……

浴室はすべりやすく、転倒のリスクが高い場所であることは
考えたかな？

確認しよう！　どこがダメなの？

チェック 1　遠くから見ているだけになっている！

　利用者が一人で歩くことができるので、浴室でも自分で気をつけて安全に歩けると思い込み、遠くから様子を見るだけになっています。これでは利用者がバランスをくずしたときにすぐに支えることができないため、見守りをしているとはいえません。

チェック 2　浴室の環境が整っていない！

　浴室内の床に洗面器やタオルなどが散らばっていたり、石けんの泡が残っていたりするにもかかわらず、利用者に入浴してもらおうとしています。足元がすべりやすい状況であるため、転倒のリスクが高くなってしまいます。

確かに、ふだん転倒しなくても
浴室だとすべりそうになることあるなあ……

入浴時は肌の露出が多いから、
転倒などによってより大きなけがに
つながることもあるよ。

085

ポイント 1 支えることができる位置で見守る

　ふだんは一人で歩くことができる利用者でも、浴室でバランスをくずす可能性があることを念頭におき、いざというときに支えることができる位置で見守ることが大切です。また、入浴時は介護職が近づくことに抵抗がある人もいるので、同性介助やタオルなどでからだを隠すなど、羞恥心(しゅうちしん)に配慮(はいりょ)しながら介助するようにしましょう。

ポイント 2 浴室の環境を確認する

　複数の利用者が順番に入浴するため、浴室の床を常に乾燥(かんそう)させておくのは難しいかもしれませんが、入浴前に石けんの泡が残っていないか、洗面器やタオルなどが散らばっていないか、すべりやすくなっていないかなどを確認しましょう。また、手すりを持ってもらうように促(うなが)したり、ゆっくり歩くように声をかけたりすることで、転倒のリスクも最小限になります。

 対応はいつも同じではない

　浴室内は温度や湿度の変化により、血圧が変動するなどからだに変化が生じやすい環境でもあります。それにより頭が少しボーっとして、ふらついて転倒のリスクが高くなります。ふだんは一人で歩ける利用者でも、環境の変化に合わせて対応を変える必要があることを把握(はあく)しておきましょう。

● **環境によって介助方法を変えるようにしよう**

　一人で歩くことができる利用者であっても、浴室のように居室とは環境が変わると動きやすさなどが異なり、転倒のリスクが高くなります。ふだんの利用者の様子だけでリスクがないと決めつけてしまうと、環境の変化によってどのようなリスクがひそんでいるのかに気づくことができなくなってしまいます。介護職は**環境の変化に気づき、確認すべきことや注意すべきことは何かを考え、介助の方法を変えていく**ことが大切になります。

 気持ちよく入浴できる環境にしよう

　　浴室内はすべりやすく転倒のリスクも高い場所です。入浴のときに使用するいすも濡れていたらふいておきましょう。それは利用者が座るときにすべらないようにしたり、座面が冷たくならないようにしたりするためです。座面が冷たいと利用者が不快な思いをするだけでなく、驚いてバランスをくずす可能性があります。

環境に合わせて対応も変えていくことが大切なんだね！

3 大きい浴槽が利用者にも気持ちよい?!

ちょっとー

考えてみよう！　自分で入れるなら浴槽も大きくてよいのかな？

　介護職のＡさんの施設には大人数で入れる大きい浴槽があります。利用者のＳさんは手すりにつかまったりすれば自分で入れるので、Ａさんが目を離してしまったところ、溺れそうになっていました。

大きい浴槽に入ることで、何かリスクがあるのかな？

浴槽が大きい分、溺れるリスクも高くなるよ。それに介護職は目を離してしまっているね。

確認しよう！　どこがダメなの？

チェック **1**　　大きい浴槽の特徴を把握できていない！

　大きい浴槽は広々としていて気持ちよいですが、個浴槽と違い、足が前につかないためからだが浮きやすかったり、浴槽内で移動しようとしても手すりが近くになくバランスをくずしやすかったりするという特徴があります。そのため、個浴槽と比べると溺れるリスクが高いといえます。

チェック **2**　　目を離している！

　利用者が自分で手すりにつかまって入ることができる場合、つい、介護職は目を離してしまうことがあります。目を離すと、利用者がすべったり溺れたりしてもすぐに対応することができません。

大きい浴槽に入らないほうがいいのかなあ？

ポイント **1** 大きい浴槽の特徴を把握しておく

　チェック①で述べたような大きい浴槽の特徴を把握しておくことが大切です。自分で手すりにつかまることのできる利用者には、つかまる場所を確認し声をかけるなどして、利用者が自分のからだのバランスを保持できるようにサポートしましょう。介護職は、利用者が万が一手すりを離してからだのバランスを保持できなくなってしまっても、すぐに支えることができる位置にいるようにしましょう。

ポイント **2** 視界に入るところで様子を見る

　浴室内はすべりやすく、湿度や温度の変化など、ふだんとは異なる環境であることを認識しておくことが大切です。大きい浴槽での入浴介助の場合、複数の介護職で行っていても、ほかの利用者のからだを洗ったり、着替えを手伝ったりと一人の利用者を継続的に見守ることの難しさもあります。そのなかでも、視界に入るところで様子を見るなどして、見守る工夫はできます。

介護職が支えたり見守ったりすることで、
大きな浴槽での入浴を維持できるよ。

● 好きな環境を奪わないようにしよう

　入浴は、けがや事故のリスクが高い場面のため、一度ヒヤリハットや軽微な事故があると、安全を優先するために個浴槽に変更することもあるかもしれません。しかし、大きい浴槽で入ることが好きな利用者もいます。

　大きな浴槽が好きで、自分で手すりにつかまったりして入ることができる利用者であれば、介護職は浴槽の特徴を把握したうえでサポートしたり、支えることができる位置で見守ったりして、入浴することを維持できるようにしていきましょう。**安全を意識しすぎて好きな環境を奪うことのないようにしていく視点が大切です。**

個浴でも目を離さないことが大切

　ユニット型の施設が増えているため、大きい浴槽よりも個浴槽で入る利用者のほうが多くなっていますが、個浴槽でも介護職は目を離さないことが大切です。
　羞恥心に配慮をして、利用者の気持ちの抵抗がなく、かつ緊急時に支えられる場所にいるようにしましょう。

4　機械浴で入浴中に姿勢がくずれる?!

あっ！　大丈夫ですか!!

考えてみよう！　なぜ、入浴中に姿勢がくずれるのかな？

　利用者のＴさんは全介助のため、機械浴で入浴をしています。介護職のＢさんがＴさんの入浴介助をしているときに、Ｔさんは姿勢がくずれ、溺れそうになってしまいました。

機械浴でも入浴中に姿勢がくずれることってあるの？

機械浴だから安心だと思ってしまっていないかな。

092

（確認しよう！）　どこがダメなの？

チェック1　ベルトで固定したと思っている！

　機械浴では浴槽に入る際に、ベルトを装着します。しかし、ベルトでは姿勢を完全に保持することはできないため、自分で体勢を保持できない利用者は浮いてしまったり横になってしまったりと、姿勢がくずれてしまう可能性があります。

チェック2　機械だからと安心している！

　機械だからと安心していると見守りがおろそかになり、利用者が溺れたり、急に体調が変化したりしても気づきにくくなったりしてしまいます。
　機械にも、不調や故障が起こります。操作前や使用中の確認が不十分だと、急に熱湯が出る、リフトが急に昇降するなど、利用者にけがをさせたり不安を与えたりすることにつながりかねません。

機械だし、介護職が介助して入浴してもらうから
安心だと思っていたなあ……

どうしたらいいの？ 機械浴での入浴中も姿勢は確認しよう

ポイント **1** 入浴中も姿勢を確認する

　機械浴での入浴は、ベルトなどで安全を確保したうえで、入浴中の姿勢から目を離さないことが大切です。姿勢がくずれてきたら正しい姿勢に修正します。

ポイント **2** 機械の状態にも注意しておく

　機械浴槽は、何重にも安全装置がかかっている機器が多くなっています。それでも、操作するのは人なので、利用者に不安を与えないように、介護職は湯の温度や利用者の様子などをしっかり確認することが必要です。

　温度設定は適切か、故障はないかなど、使用前にできる確認は行い、使用中も不調がないか、注意して見ておきましょう。

ベルトを装着しても、姿勢が
くずれてしまうことがあるんだよ。

● 介護職自身で機械浴の安全を保つようにしよう

　機械浴は、ベルトでからだを固定するため安全に入浴できると思われがちですが、ベルトがあっても完全に利用者の姿勢を保持することはできません。そのため、**姿勢がくずれていないかを常にそばで見守る**ことが必要です。また、**日常的に機器の使用方法の確認、機器そのものの点検や消耗品の交換などを行う**ことも大切です。

　入浴方法については、介助のしやすさや安心感など、介護職の都合ではなく、利用者にとって本当に適した入浴方法かどうかを検討するようにしましょう。

機械浴で入浴介助をする前に、しっかりと機器の確認をして安全に入浴できる環境を整えることが大切なんだね！

5 着替えをしているつもりがけがに?!

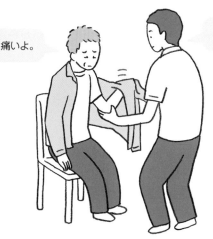

痛いよ。

このまま通せば……

考えてみよう！ 着替えがけがにつながるのかな？

　介護職のＡさんは、入浴を終えた拘縮のある利用者のＵさんの着
替えの介助をしています。上着のそでがＵさんの手首に引っかかり
ましたが、そのまま無理に通してしまいました。着替えの後しばら
くしてから、手首の部分の皮膚が剥離してしまっていることに気が
つきました。

衣服に引っかかっただけで、けがにつながるんだね？

無理にそでを通すと、衣服が皮膚に擦れてしまうこともある
よ。Ｕさん痛そうだね。

確認しよう！　どこがダメなの？

チェック **1**　無理にそでを通している！

　腕を十分に動かせなかったり、拘縮がある利用者の場合、そでに指が引っかかってひねってしまったり、骨折させてしまったりする可能性があります。また、そでを通すときに腕を無理に引っ張ることにより、衣服との摩擦で皮膚が剥離してしまうこともあります。

チェック **2**　皮膚状態の観察ができていない！

　着替えの介助をした後も、皮膚に異常がないか、けががないかなどの観察ができていないと、しばらく発見できなかったり、けがが発生した理由や時期がわからなくなってしまったりします。また、出血を伴う傷の場合は、処置が遅れて悪化することになります。

着替えの介助は、ただ衣服を脱いだり着たりできればいいわけではないんだよ。

どうしたらいいの? 無理な介助をしないようにしよう

ポイント 1 痛みの有無、拘縮の程度などを確認する

　着替えの介助の際は、麻痺などの疾患や痛みの有無、拘縮の程度などを把握しておく必要があります。麻痺がある利用者の場合は、着るときは麻痺側から、脱ぐときは健側から（脱健着患）が原則です。もし、事前の把握が困難な場合は、本人に確認したり、やさしく少しずつ動かして確認したりします。拘縮がある利用者の場合は、あせって強く引っ張ったりせず、介護職が肘を持ってそでを通すようにします。また、指を引っかけないように、そで口を広げてやさしく通すようにしましょう。

ポイント 2 着脱時は、皮膚の状態の観察もする

　着脱時の肌が見えるときに、皮膚にあざや剥離などがないかを観察する必要があります。観察によって早期発見につながり、その後の治療や悪化の予防につなげることができます。発見した場合は看護師などの医療職に報告し、必要に応じて患部の保護や処置などを行うことになります。また、すぐに原因を追究し、予防につなげましょう。

 全身の状況を把握しよう

　　着替えの介助は、全身の状況を把握しながら行わないと、例えばカテーテルを使用している利用者の場合、衣服だけを引っ張ったつもりが一緒にカテーテルを抜いてしまったりする危険性があります。
　　カテーテルが衣服の下に隠れているときは、位置や抜けやすい状態になっていないかなどを確認しながら行いましょう。

● あせらず丁寧に着替えの介助をしよう

　着替えの介助の際は、皮膚が剥離したり、指をひねったり骨折したりするおそれがあるため、無理な介助をしないようにすることが大切です。少しの傷でも発見や処置が遅れると悪化する可能性があります。そでを通すことができないとあせってしまいがちですが、**あせらず丁寧に行い**、利用者ができる部分は自分で行ってもらうようにしましょう。

　また、着脱時は、**皮膚の状態の観察もする**ようにします。傷があった場合、着替えの介助の際にできたものなのか、ほかでできたものなのか、原因を考えることが今後の予防につながります。

 こんな対応をしていないかな？

　例えば、拘縮があり、両膝が閉じている利用者のズボンを脱ぐ介助を行う際、無理に引っ張ってズボンを下ろしていないでしょうか。これは、膝の内側の皮膚に剥離が生じることにつながります。
　また、ズボンをはく介助を行う際には、足の爪に引っかかって剥がれてしまうこともあるので、利用者の足先を介護職の手で保護しながらズボンを通すようにしましょう。

着脱だけでなく、皮膚の状態を
観察することも大切なんだね！

5 姿勢

① よく眠っているときは体位変換はしない?!

寝ているし、起こさないほうが
いいかな。

考えてみよう！　眠っていれば体位変換しなくてもよいのかな？

　利用者のVさんは自分で寝返りができないため、体位変換の介助をすることになっています。しかし、介護職のAさんはVさんがよく眠っていたので体位変換をしないままでいたところ、ベッドとの接触面の皮膚(ひふ)が赤くなっていました。

よく眠っていたら起こしづらいよね？

体位変換をしないことで苦しい思いをさせてしまっていないかな？

確認しよう！　どこがダメなの？

チェック 1　適切な時間に体位変換ができていない！

Ｖさんは体位変換の介助が必要ですが、睡眠に配慮した結果、適切な時間に体位変換ができていない状態になっています。

チェック 2　褥瘡の形成につながる！

からだを動かせなかったり、寝返りができなかったりする利用者が長時間同じ姿勢で寝ていると、皮膚が赤くなってしまうだけでなく、皮膚の特定の箇所が圧迫されることから、褥瘡の形成につながりかねません。

体位変換しないと負担に
なる場合があるんだよ。

適切な姿勢で寝られるようにしよう

ポイント **1**　適切な方法やタイミングについて考える

　適切な時間に体位変換を行うことは、自分でからだを動かせない利用者にとっては、負担のない姿勢で寝ることにつながります。2〜3時間おきの体位変換が適切といわれていますが、入眠した直後なら少し遅らせるなど、時間が極端（きょくたん）に空かない範囲内で行いましょう。

ポイント **2**　皮膚の状態を観察する

　体位変換する際には、利用者の皮膚の状態を観察します。皮膚が赤くなったままの状態でいると悪化する可能性もあるため、気づいた場合は看護師などの医療職に報告し、指示のもとに対応したり、圧迫を避けるための姿勢の検討や、マットレスなどの福祉用具の見直しをしたりすることも必要です。

必要以上にからだを動かしている？

　寝ている時間が長い利用者の場合は、複数の介護職が体位変換の介助にかかわることになります。しかし、実施したことや体位変換した時間を介護職間で共有できていないと、必要以上に何度も動かしたり、もしくは必要なタイミングで行えていなかったりすることになります。
　体位変換のチェック表などの帳票や記録を活用して介護職間で共有を図り、適切に行いましょう。

● 利用者に合ったタイミングで体位変換をしよう

　自分で寝返りができない利用者の場合、介護職が体位変換の介助をせずにそのままにしてしまうと、苦しかったり痛かったりする状態になってしまいます。ふだん、私たちは無意識にからだを動かして寝ています。個人差は大きいですが、平均すると、8時間程度の睡眠で20回程度は寝返りするといわれています。それができず、同じ姿勢で寝ることによって、皮膚が赤くなってしまったり、褥瘡の形成にもつながりかねません。

　睡眠にも配慮するために、**利用者の状況を考え、適切なタイミングで体位変換をする**ようにしましょう。高齢者の場合は、2〜3時間おきの体位変換が適切といわれています。

なぜそのタイミングで体位変換をする
必要があるかを考えることが大切だね！

2 立位がとれない利用者は、車いすに座っていれば安全?!

Wさん、体調いかがですか?

考えてみよう! 車いすに座っていれば姿勢はくずれないのかな?

　利用者のWさんは立つことが難しく、長時間車いすに座ったまま過ごしています。自分で座り直すことも難しいため、時間が経つとだんだん姿勢がくずれ、介護職のBさんが声をかけに来てみると、車いすの座面から落ちそうになっていました。

車いすで姿勢がくずれることがあるの?

車いすは、腰かけるためのいすではないから、長時間座っているとからだに負担がかかってしまうよ。

（確認しよう！）　どこがダメなの？

チェック **1**　姿勢をこまめに確認していない！

　座ったままでいると、疲労や痛みなどから、少しでも姿勢を変えようとして姿勢がくずれることがあります。姿勢をこまめに確認していないため、車いすの座面から落ちかけた状態になっており、この状態が続くと転落につながります。

チェック **2**　座りっぱなしになっている！

　長時間、同じところに座っていると、それだけでお尻やからだのほかの部分が痛くなったり、疲れたりします。Ｗさんは自分で座り直すことができないため、長時間座ったままでいることで、お尻や腰が痛くなったりするなどの負担を感じてしまうことになります。

立つことが難しい利用者さんだと、
車いすに座っているほうが負担に
ならないと思っていたなあ……

105

どうしたらいいの? 姿勢や表情をこまめに確認しよう

ポイント **1** 姿勢や表情を確認する

座位が保持できているかをこまめに確認しましょう。座位がくずれていたらすぐに座り直すようにします。自分で痛みや疲労を伝えることができない利用者もいるので、介護職は姿勢や表情を確認して対応することが必要です。

ポイント **2** いすやソファに座ってもらうようにする

疲れていたら寝る時間を設けたり、いすやソファに座ってもらったりしましょう。特に、食事やレクリエーションなどで一定時間座る場合は、できる限りいすに座ってもらうように介護職が声をかけ、介助します。

ずっと同じ姿勢で車いすに座っていると
お尻が痛くなって、食事が進まなく
なってしまうこともあるよ。

利用者の気持ちを理解してみよう

立つことや移乗することが難しい利用者に対しては、座ったままの状態にしてしまいがちです。

長時間、同じ姿勢で座ったままの状態がいかに負担であるかは、体験してみるとわかります。研修などでまったく座り直しをせず、動かずに座ったままでいることを実践（じっせん）してみると、たった数分でつらくなることがわかります。**自分で座り直しをすることができない利用者の負担を理解**できれば、利用者が長時間、同じ姿勢で座ったままにならないように配慮（はいりょ）することができるようになります。

正しく座れているかな？

車いすに座面クッションを敷く際、お尻の部分がへこんでいるものを前後逆に置いてしまうと、座面からずり落ちてしまいます。クッションの向きを確認することが大切です。

また、車いす上でからだが傾いている利用者に対して、傾いている側にクッションを入れて対応することがあります。しかし、座り直しをすれば姿勢を直せるのに必要以上にクッションを入れてしまうことで、利用者は身動きがとれなくなってしまい、拘縮（こうしゅく）につながる可能性もあります。まずは正しい座り方を学び、そのサポートとしてクッションなどを使用するようにしましょう。

3 移動介助は家族にまかせきりでよい?!

どうして、こんな姿勢になったの？

考えてみよう！　なぜ、安全を確認したのに転落しそうなのかな？

　利用者のＸさんは姿勢を保持するのが難しく、からだがずり落ちていってしまいます。食事の時間以外は、車いすでチルト機能（座面を倒せる機能）を使って過ごしています。安全を確認して家族と散歩に行きましたが、散歩から戻ってくると、Ｘさんはからだが車いすの座面からずり落ちて転落しかけていました。

途中で姿勢が変わってしまったのかな？

家族にしっかりと車いすの機能の説明ができていたかな？
介護職だけが把握している状況になっているかもしれないね。

確認しよう！　どこがダメなの？

チェック **1**　車いすを起こしたまま進んでいる！

　家族は散歩の途中、水分をとるためにXさんを起こした後、チルト機能の使い方がわからず起こしたままで進んでしまっています。これでは、からだがずり落ちてしまうXさんは姿勢を保持できず、転落につながりかねません。

チェック **2**　「家族はわかる」と思い込んでいる！

　家族がチルト機能の使い方を知っているのかについて、介護職側が把握できていなかった可能性があります。また、チルト機能について説明する際、家族だから介助のことは理解していると思い込み、しっかりと説明ができていないこともあります。

家族だからまかせても大丈夫だと思っていたなあ……

ポイント 1　事前に家族に操作を説明する

　利用者が家族と散歩などをする前に、車いすの起こし方、戻し方、留意点などを実際に家族と操作しながら確認するようにしましょう。何度も同じことを伝えると失礼になる場合もあるので、どのくらい理解しているかを把握し、介護職同士で共有しておくことが大切です。

ポイント 2　家族のことを他職種とも共有しておく

　利用者の家族でも介護についての知識や介助のレベルはさまざまです。「家族は知っている」と思い込んで、または、遠慮して説明しないことがないように、車いすなどの用具について説明する必要があるのか、理解していて操作もできる家族なのかという情報を、介護職同士や他職種とも共有しておくことが大切です。

家族のことについて情報を共有しておくことが安全な介助にもつながっていくんだよ。

● 家族のことも理解しておくようにしよう

　介護職は利用者の家族とのかかわりも多くあります。利用者の安全を守るためにも、利用者の家族がどこまで介助についての知識をもっているのか、用具の使用方法について理解しているのかを把握しておくようにしましょう。車いすの操作以外にも、例えば食事では、家族の介助方法や持参してきた食べ物の形態によって誤嚥（ごえん）につながる可能性もあります。介護職が家族の様子を確認したり、**家族の想いに配慮（はいりょ）しつつ、必要に応じて適切な介助方法について説明したりする**ことが大切です。

一方的に押しつけない！

　介護職は介護の専門職ですが、家族は利用者のことを一番よく知っている存在です。たとえ家族の介助方法が適切に思われなくても、一方的に押しつけるような言い方や説明の仕方は避けるようにしましょう。提案するような伝え方をしたり、一緒に考えて介護の方向性を決めていこうとする姿勢が大切です。

家族の想いに配慮した対応を
忘れてはいけないね！

移動・移乗や
食事の場面などで
リスクを招いて
しまう対応を
していたんだね。

そうだよ。
一つひとつの
介助を丁寧にする
ことでリスクも
軽減するよ！

Part 3

薬や感染などにかかわる対応

具体的に
気をつけることは
わかっていない
かもなあ……

体調や状態を見て
対応できているのか
確認しよう！

服薬介助はセットされている薬を
飲ませればよい?!

Cさんの薬
じゃない!

考えてみよう! セットされていれば正しいのかな?

　介護職のBさんは、利用者のCさんの食後の服薬介助のため、薬がセットされていた箱を持ってきました。しかし、飲んでもらう寸前に、薬の袋にほかの利用者の名前が書いてあることに気づきました。

箱にセットされていると、確認するのを忘れちゃっているかも……

間違えてセットされている可能性もあるよ。しっかり自分の目で確認しているかな?

確認しよう！　どこがダメなの？

チェック 1　　箱などにセットされていれば正しいと思っている！

　薬が箱などにセットされていても、間違えてセットされている可能性があります。箱などに入っていれば正しいと思い込んでいると、ほかの利用者の薬であることに気づけないまま、利用者が誤って飲んでしまうことになります。

チェック 2　　飲んでもらうことだけを考えている！

　セットされている薬を飲んでもらうことだけを考え、薬の種類まで確認できていない可能性があります。確認が不十分なことにより、必要のない薬を飲ませてしまうなども起こり得ます。

薬の袋での注意点

　利用者によっては、同じ時間に飲む薬が数種類ある場合もあります。それらの薬の袋は重ねて用意されていることもあるため、服用時間が異なるものが混ざっている場合があります。一つずつ、袋に書いてある名前だけでなく、服用時間についても確認するようにしましょう。

ポイント 1　名前を確認する

　薬をセットしている箱などがある場合は、セットされているものに誤りがある可能性もあります。箱などに書かれている利用者の名前が合っているのか、薬の袋の名前は正しいのかを確認することが大切です。

　同姓や、一文字違いの名字による間違いも起こりやすいので、複数の人で確認するようにしましょう。

ポイント 2　薬の種類と数も確認する

　利用者が飲む薬の種類や数、薬の効果などは、介護職も確認しておくようにしましょう。

　服用するのが下剤の場合は、利用者の排便の有無（うむ）により対応が異なってきます。ほかにも、向精神薬や糖尿病の薬などについても、医療職からの指示や決められた条件をよく確認しておくことが重要です。

服薬介助のときは飲んでもらうだけでなく、
薬の種類や数などもしっかり確認しよう！

● 複数の確認をしたうえで服薬介助を行おう

　薬は、さまざまな疾患(しっかん)や症状をかかえている利用者の体調を管理するうえで、とても大切なものです。一方で、薬を飲み忘れたり、間違えて飲んでしまった場合には、体調の変化を招いてしまうこともあります。誤りがないように、**箱などに正しくセットされているのか、薬の袋に書かれた名前は正しいのかを確認する**ようにします。

　利用者の体調などによっては、服用の前に医療職に相談し、服用後も、利用者がきちんと飲むことができたかを確認するようにしましょう。

 薬を飲めなかった場合は？

　決められた服用時間に飲むことができなかった薬があることを医療職に報告せずにそのままにしておくと、必要な体調の観察や服用時間の変更などが行えなくなってしまいます。その場合は、ほかの介護職や医療職に申し送りをするようにしましょう。

　また、薬を服用する時間に起きられない利用者であれば時間をずらしたり、拒否のある利用者には服薬方法を変えたりするといった対応をとることも必要です。

医療職だけにかかわることと考えずに、
介護職も責任をもって対応することが大切だね！

2 医師や家族に伝わったのは誤った情報?!

Dさんの状況は昨日と同じだから、記録は特にいっか。

考えてみよう！　なぜ、誤った情報が伝わったのかな？

　利用者のDさんは、ここ数日不眠が続いています。介護職のBさんは、「昨日と同じだから」と申し送りや記録をしませんでした。記録を見た看護師が「不眠は解消された」と誤った情報を医師や家族に伝えてしまいました。

状況に変化がなかったら、申し送りや記録はしなくてもいいように思うけど……

「不眠は解消された」という誤った情報が伝わることで、どのような影響があるかな？

確認しよう！　どこがダメなの？

チェック **1**　変化がないからと申し送りや記録をしていない！

　Dさんは不眠が続いていますが、Bさんは「不眠の症状が続いている」という状態に変化がないため、申し送りをしたり記録に残したりしていません。

チェック **2**　誤った情報が伝わってしまっている！

　利用者に不眠の症状があるのに、申し送りや記録がないために、誤った情報が医療職や家族に伝わってしまっています。また、症状がないことになるので、改善の機会が奪_{うば}われることにもなってしまいます。

介護職からの申し送りや記録によって、
誤った情報が伝わってしまうこともあるんだよ。

どうしたらいいの？　　正確な情報を伝えよう

ポイント 1　一定の症状が続いていることも申し送りや記録で伝える

　医療職に利用者の様子が伝わるように、変化があったときだけでなく、一定の症状が続いていることを伝えることも大切です。それによって、治療や薬の処方など、医療面での対応を変えることにつながっていきます。

ポイント 2　正確な情報を伝える

　往診や受診等で医師に様子や症状を説明する機会がある場合は、記録がしっかり残されているか、現在の利用者の状態について正確な情報が伝わる内容になっているかを確認しておくことが大切です。

いつものことであれば記録しない？

　日常的に起こっていることでも、少しずつ頻度（ひんど）が増えたり程度が大きくなっていったりすることで、体調の変化や事故につながることがあります。

　例えば、いつもベッドから足が落ちている、いつも食事のときにむせているといったことを、「いつものことだから」と記録しないでおくと、発生頻度や増減の傾向がつかみにくくなり、事故予防や医療的な対応が遅れることにつながります。

　いつものことであっても必ず記録するようにしましょう。

● 誤った情報が伝わらないようにしよう

　申し送りや記録に、今までと比べて変化があったことだけを伝えていないでしょうか。利用者に症状の変化がみられなくても、**一定の症状が続いているということを伝える**ことも、報告を受けた医療職にとっては大切な判断材料になるため、とても重要です。そして、それが症状を改善する機会にもつながっていきます。

　誤った情報が伝わらないようにするためにも、体調の変化や事故のリスク予防につなげるためにも、どのような内容を記録しておくとよいのかをあらかじめ共有しておき、その場の介護職の都合だけで判断してしまうことがないようにしましょう。

記録の重要性

　記録とは、後に伝える必要のある事実を読み手に正確に伝えるためのものです。
　憶測や感情、主観などはできるだけ省き、5W1Hをふまえて起こった事実をありのままに書くことが大切です。

日々、利用者さんとかかわっている介護職の情報だからこそ、とても大切なんだね！

3 排泄介助の際に手袋をしていれば、手洗いはしなくてもよい?!

手袋使ったし、手洗いはいっか。

考えてみよう! なぜ、手洗いをしていないのかな?

　介護職のＡさんは、利用者のＥさんの排泄介助の際、使い捨て手袋を使用していたので、手袋をはずした後も手洗いせずにほかの利用者の介助に向かいました。

手袋をしていたから手洗いしなくてもよさそうな気がするけど……

手洗いは基本中の基本。手袋をはずすときに手が汚れてしまう可能性もあるよ。

確認しよう！　どこがダメなの？

チェック 1　　手洗いをしなくてよいと思っている！

　手袋を使用していたので、手洗いをしなくてもよいと思っています。手袋の破損による汚染の可能性や、手袋をはずすときに手に汚れた面が触れてしまう可能性もあります。

チェック 2　　手洗いをするための環境が整っていない！

　石けんやペーパータオル、消毒用アルコールなど、手洗いと手指消毒をトイレや部屋でいつでもできる環境が十分に整っていないと、手洗いをしてから部屋を出るということができなくなってしまいます。

> ## 使用した手袋は利用者の部屋のごみ箱に捨てる？
>
> 　排泄介助で使用した手袋を利用者の部屋のごみ箱に捨ててしまうと、そこに飛沫感染する可能性のある菌が付着していた場合、感染が拡大するおそれがあります。
> 　使用した手袋はおむつ等と同等に扱い、部屋の中で密封したうえで持ち出し、適切に処理しましょう。

利用者さんの排泄介助を行う場合、
衛生面には注意をする必要があるよ。

123

ポイント **1**　最後は必ず手洗いをする

　手袋などを使用していても、はずすときなどに素手で触る部分がでてきます。その手で別のところに触ったり、ほかの利用者に触れたりしてしまうことによって、感染拡大につながる可能性があります。感染が拡大しないように、排泄介助の最後には必ず手洗いをしましょう。

ポイント **2**　必要な物品をそろえておく

　排泄介助の後、手洗いをしないまま部屋を出ることは感染につながるおそれがあるので、トイレや部屋には必ず石けんやペーパータオルなど、手洗いに必要な物品は予備も含めて準備しておくようにしましょう。

最後に手洗いをしてはじめて、
排泄介助を終えたことになるんだね！

● 感染症を拡大させないようにしよう

　感染症対策は、医師や看護師など医療職だけの専門分野ではありません。一つひとつの介護において感染症対策ができていないと、介護職が媒介となって知らず知らずのうちに感染を拡大させてしまう可能性があります。高齢者のからだに触れることの多い介護職だからこそ、対策について十分に理解しておく必要があります。

使い捨てガウンなども、適切に使用できないと感染源になる!

　手袋と同様に、使い捨てガウンなども、脱ぎ方や捨て方に気をつけないと感染源になってしまうことがあります。
　感染症対策については、標準予防策（スタンダード・プリコーション）という基準があり、医療福祉にたずさわる者としては、それを念頭において介護を行うことが基本かつ重要とされています。

標準予防策（スタンダード・プリコーション）

　標準予防策とは、感染症の有無にかかわらず、すべてのケアに適用する予防策のことです。血液、体液、汗を除く分泌物、排泄物、傷のある皮膚や粘膜を感染の可能性のある物質とみなして対応することで、感染のリスクを減少させることを目的としています。

着替えのときにカテーテルを引っ張ってしまった……

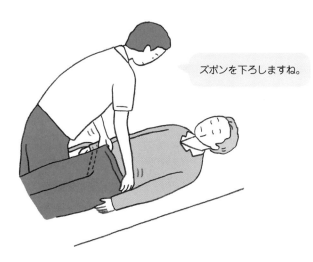

ズボンを下ろしますね。

考えてみよう！ なぜ、引っかかってしまったのかな？

　利用者のFさんは膀胱留置カテーテルを使用しています。介護職のAさんは、Fさんがカテーテルを使用していることは把握していましたが、上着で隠れていたため、着替えの介助の際にズボンに引っかけて引っ張ってしまいました。

上着で隠れていたら気づかないよね？

着替えの介助の際、どの位置にカテーテルがあるのかを確認していたかな？

確認しよう！　どこがダメなの？

チェック **1**　カテーテルの位置を把握できていない！

　Aさんは F さんが膀胱留置カテーテルを使用していることは知っていましたが、上着で隠れているカテーテルの位置を把握しないまま、ズボンを下ろしてしまっています。

チェック **2**　カテーテルが張った状態になっている！

　カテーテルが張った状態だと、着替えなどをするときに衣服に引っかかりやすくなり、少し引っ張っただけで抜けてしまう可能性があります。

もしカテーテルが抜けてしまった場合、事故になるだけでなく、利用者さんに痛みを与えることになるんだよ。

どうしたらいいの？ カテーテルの位置や状態を確認しよう

ポイント1　介助前に位置を確認する

　カテーテルを使用している利用者の介助を行う場合は、着替えや排泄の介助や体位変換などの前に位置を確認しておく必要があります。

　また、医療処置として、カテーテルが張った状態にならないように余裕をもたせてテープで固定することがあります。その場合は、テープがはずれていないかというのも介助前に確認しておきます。

ポイント2　張った状態になっていないかを確認する

　カテーテルが張った状態になっていないかを確認しながら着替えの介助をするようにします。着替えた後も、カテーテルの位置や状態を忘れずに確認しましょう。

尿バッグの位置

　膀胱より高い位置に尿バッグがあると、尿が逆流してしまい、感染症を起こす場合があるため、尿バッグは常に膀胱より下の位置にあるようにします。

● カテーテルの抜去には気をつけよう

　膀胱留置カテーテルは、管が常に出ているので、衣服に引っかけて引っ張ってしまうリスクが高いです。着替えの際などに一緒に引っ張ってしまわないように、**介助前にカテーテルの位置や状態を確認する**ようにしましょう。管やチューブの抜去に気をつけるという点では、胃ろうについても同様です。

　また、認知症のある利用者でカテーテルをしていることを認識できていなかったり、病識への理解が十分でなかったりする場合は、自分で抜去してしまう可能性もあります。自分で触ってしまいやすい利用者の場合でも、抜けそうになっていないかふだんから気をつけて見ておくことが大切です。

カテーテルを使用していることを把握しておくだけでなく、位置や状態を確認することも必要なんだね！

Part 4

··

環境整備

環境面で
考えたときの
リスクかあ……

身の回りの
環境に配慮
できていることが
大切になるよ。

1 センサーを設置していれば安心?!

あれ?!
センサーは?

切れてる!

OFF

考えてみよう! センサーがあれば安心なのかな?

　利用者のCさんは、歩行時にふらつきや転倒があるので、部屋にセンサーマットを設置しています。夜間、介護職のAさんが巡回したときに、Cさんが一人で歩いているのを見かけました。部屋を見ると、センサーマットのスイッチが切れていました。

 センサーマットがあるから安心ではないの?

 スイッチが切れてしまっていることもあるかもしれないよ。

　確認しよう！　どこがダメなの？

チェック **1**　センサーマットのスイッチが切れている！

　利用者が端座位になるときに床に足がつくと、センサーが鳴り続けるため、介護職がいったんスイッチを切り、その後入れ忘れることがあります。

チェック **2**　センサーマットのコードが断線してしまっている可能性がある！

　介護職がシーツ交換などでベッドを動かした際に、センサーマットのコードを引っ張ってしまったり、ベッドのキャスターでふんでしまったりすることで、断線してしまうことがあります。また、認知症のある利用者が、センサーマットのコードだと認識できずに引っ張ってしまったりすることで断線してしまう可能性もあります。

担当を交代した際にも、交代した介護職はセンサーマットのスイッチが入っているかを確認することが大切だよ。

ポイント **1** 　スイッチが入っているかを確認する

　介護職によるセンサーマットのスイッチの入れ忘れは、十分起こり得ることです。センサーマットを使用する場合は、スイッチが入っているかを実際にふんで確認するようにしましょう。ベッドから離れたことを察知して鳴るタイプのセンサーも同様に、動作確認をしましょう。

ポイント **2** 　定期的に点検する

　スイッチだけでなく、コード部分も確認します。機械の故障や不具合がないか、定期的に動作確認をしたり、点検したりすることも大切です。

センサーを設置しすぎるのは、かえって危険？

　一度設置して必要性の検証が十分にされないまま、はずすきっかけがなく、設置台数だけが増えていくケースがあります。
　センサーの台数が多すぎると、頻繁に鳴ってしまうことにより、介護職が本当にリスクの高い利用者に対応できなくなる可能性があります。また、鳴ることに慣れてしまって、本当に危険なときに駆けつけることができなくなることもあります。
　多くなりすぎないように、設置する基準やはす条件を決めておくとよいでしょう。

● 駆けつけられる利用者の気持ちも考えよう

センサーマットのスイッチの入れ忘れや故障・不具合は起こり得ることだからこそ、確認・点検することが大切です。

一方で、センサーマットを使用している利用者に、"鳴れば走って駆けつける"という対応になってはいないでしょうか？　安全のためとはいえ、利用者の立場からすると、夜間なんとなく目が覚めてベッドに腰かけるたびに介護職が駆けつけてくるということになります。介護職が緊迫した顔で部屋に入ってきたら、利用者も驚いてしまいます。

転倒のリスクの高い利用者の部屋に設置する場合が多いセンサー機器ですが、**利用者の気持ちにも配慮し、センサーが鳴っても落ち着いて部屋を訪ねるようにする**ことも必要です。

何でもないときに、駆けつけてくる感じで部屋に入ってこられると、いい気分はしないね。

センサーマットを使用していても、ふだんの生活と変わらないように配慮するようにしよう。

② 掲示物は画びょうで留める?!

これでよしと!

考えてみよう! 画びょうで留めているとどうなるかな?

　介護職のBさんは、みんなで使う部屋の壁に、利用者がレクリエーションのときにつくったものや掲示物を画びょうで留めていました。そこに落ちていた画びょうを、認知症のあるDさんが拾って持っていました。

画びょうで留めればいいと思っていたけど……

留めた後のことを考えてみたかな? 画びょうを触ってけがをしたり、口に入れたりするようなことがあったら危ないよね。

確認しよう！　どこがダメなの？

チェック 1　けがや事故につながる可能性がある！

　みんなで使う部屋の壁に、利用者がつくったものや掲示物などを画びょうで留めています。しかし、画びょうは触れたり劣化すると落ちてしまい、触ってけがをしたり、認知症のある利用者が画びょうだと思わずに口にするなどの事故につながってしまう可能性があります。

チェック 2　留めた後はそのままになっている！

　画びょうが抜けかかっていないか、なくなっていないかなどの確認を日常的に行っていないと、利用者がけがをしてしまうまで画びょうが抜けていることに気づけない可能性があります。

何気なく画びょうで
留めていたかも……

ポイント 1　両面テープを使う

マグネットでもよいですが、大きさや形によっては誤飲してしまうこともあるので、両面テープで貼るほうが、けがや事故につながる可能性が低くなります。

ポイント 2　留めている状況を把握し、確認する

画びょうを使用する必要がある場合は、どこに何個留めているのかを把握し、日常的に確認することで、抜けかかっているものに気づけたり、万が一紛失してしまったときには早期発見につながります。ただし、ベッドと接している壁など、落ちたら危険が大きい場所では使用しないようにしましょう。

リスク管理と生活感

けがや事故のリスクに注意しつつ、生活感を奪わないために、あえて掲示物を画びょうで留めている施設などもあります。方針はさまざまですが、大切なことはリスク管理と生活感の両方について考え、対応を決めるということです。

ベッドと接している壁に、画びょうで掲示物などを留めていると、落ちたときに布団にまぎれてしまって、危ないよ。

◉ 極端に何でも取り除かないようにしよう

　画びょうだけでなく、はさみや爪切り、縫い針などの鋭利な日用
品は、同様に取り扱いに注意が必要です。ただ、それらは日常生活
のなかで使用するものなので、危険がないように何でも“置かな
い”“触らせない”と極端に取り除いてしまうと、生活感のない環
境となってしまいます。

　また、認知症のある利用者に対して、誤って口に入れてしまうな
どの事故の予防として物を置かないようにすると、装飾もない、生
活用品もないという殺風景な空間になりかねません。

　はじめから取り除くのではなく、**介護職が見守りのできる範囲で
置いたり使用してもらったりするなど、リスクを最小限にしつつ取
り入れる**という考え方が必要です。

生活感を奪わないようにしつつ、
安全についても考えることが大切だね！

3 ベッドの周りにも危険がある?!

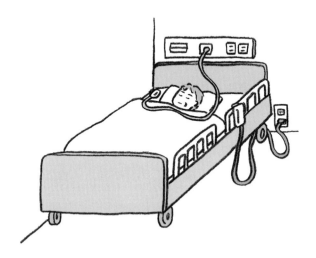

考えてみよう！ 部屋の環境はどうなっているかな？

　利用者のEさんの部屋は、ベッドが壁に接するように位置しており、ナースコールのコードは使いやすいように長くしてあります。ベッドは電動式であるため、床にはコンセントに挿したコードがあります。

 一般的な部屋の様子に感じるけど……

 ベッドの周りを見て、どこにリスクがあるか考えてみよう！

確認しよう！　どこがダメなの？

チェック 1　ベッドと壁の間に物をはさんでしまう！

　ベッドが壁に接していると、ベッドと壁の間にナースコールのボタンの部分やベッドのリモコン、コンセントなどをはさんで破損させてしまう可能性があります。破損すると破片でけがをしたり、感電などの危険が生じることにもなります。

チェック 2　ナースコールのコードが長すぎる！

　ナースコールのコードが長すぎることで、コード自体がからまったり、からだの一部に引っかかったりする可能性があります。また、認知症のある利用者の場合は、触って自分の首に巻いてしまう可能性もあります。

チェック 3　キャスターでコードをふんでしまう?!

　シーツ交換などでベッドを動かす際に、ベッドのキャスターで床のコードをふんで破損させてしまうおそれがあります。コードが破損してしまうと、ベッドのギャッチアップ機能が使えず、適切な介助が行えなくなります。
　また、利用者がコードに足を引っかけて転倒^{てんとう}するおそれもあります。

> ナースコールは長いほうが
> 使いやすいと思っていたなあ。

どうしたらいいの？ ベッドの周りを確認しよう

ポイント **1** ベッドと壁の間を確認する

　ベッドが壁に接している場合は、隙間ができていることもあるので、壁とベッドの間に物がはさまっていないか、利用者の腕や足がはさまっていないかを確認します。

ポイント **2** コードは短くまとめる

　ナースコールのコードが長すぎることで、チェック②で述べたような危険な場合があるため、利用者に確認をとり、押せる範囲の長さにしておきます。

ポイント **3** 周りに巻き込みそうな物がないかを確認する

　ベッドを動かす際は、コードのようなキャスターに巻き込んでしまいそうな物が周りにないかを確認します。

確認ができていないと、こんなに危険がいっぱいなんだね！

● 部屋全体を見ることを意識しよう

　利用者の部屋に置かれているベッドやナースコールや車いすなどは、利用者の生活に必要なものです。ベッドのコード、リモコンなどの機器類の置き場所によっては、破損が生じてしまったり、破損による破片でけがをしてしまったりします。どのような状況であるとそのようなリスクが生じてしまうか、**部屋全体の様子を意識しながら扱う**ようにしましょう。

車いすを置く場所にも気をつけよう！

　車いすがベッドに近い場所に置いてあると、ベッドの高さを上げ下げする際に、ベッドのフレームに車輪やブレーキレバーをはさんで破損させてしまうことがあります。テープを貼るなど、置く位置を決めておく対策をしましょう。

ベッドの周りから安全を考えていくことも大切なんだよ。

4 床が濡れているのをそのままに?!

床が濡れてる?!
Fさん大丈夫ですか?

考えてみよう！ 床が濡れていてよいのかな？

　利用者のFさんが入浴を終え、部屋までの廊下を歩いていたところ、床が濡れているのに気づかず、すべって転倒しそうになってしまいました。介護職のAさんの足元を見ると、入浴介助のときのサンダルで歩いていたため、周りが濡れた状態になっていました。

すぐに次の利用者さんの入浴介助もあるから、濡れていても仕方ないのかな？

Aさんが濡れた状態をつくってしまっているよね？　まずは、そのことに気づくことが大切だよ。

144

（確認しよう！）　どこがダメなの？

チェック 1　濡れたサンダルで歩いている！

　Fさんの入浴介助の後、ほかの利用者の入浴介助もあるため、Aさんは濡れたサンダルでそのまま歩いてしまっています。床が濡れた状態になっているため、足元がすべりやすくなっています。

チェック 2　足元に気を配ることができていない！

　床が水で濡れているにもかかわらず、利用者の足元に気を配ることができていません。そのため、利用者がすべる危険があることに介護職が気づかず、転倒につながってしまう可能性があります。

入浴介助をしていたら、サンダルを脱ぐことを忘れてしまいそうになることがあるかもなあ……

どうしたらいいの？ ふいてから歩くようにしよう

ポイント **1** ふいてから歩く

浴室の外へ出る場合は、しっかりと足とサンダルをふいてから歩くか、サンダルをはき替えるようにしましょう。

ポイント **2** 足元に気を配る

足元に気を配るようにするのは入浴後に限ったことではありません。飲み物がこぼれていないか、食事の食べこぼしやごみが落ちていないか、床材の破損で凹凸ができていないかなど、どんなときでも常に気を配るようにしましょう。

利用者さんが食べこぼしやごみを
拾おうとしてバランスをくずし、
転倒につながることもあるんだよ。

● 足元からリスクを回避しよう

　利用者だけではなく、介護職も足元には注意が向きにくくなります。しかし、足元には転倒のきっかけとなり得る危険がたくさんひそんでいます。日常生活のなかでは、飲み物をこぼしてしまって床が濡れている場面が考えられます。また、床に落ちている物を拾おうとしてバランスをくずしたり、床に凹凸があることによっても転倒は起こり得ます。すぐに気づけるように注意をしておきましょう。

　足元に気を配るようにすると、**利用者の歩行の様子にも気づくことができる**ようになります。例えば、利用者がほかの人の靴をはいている、靴のかかとをふんでいる、マジックテープのベルトがはずれている、またはゆるんでいる、左右違う靴をはいている、足がむくんでいる、歩き方がふだんと違うなどは、すべて転倒のリスクと関係する状態であることを把握しておきましょう。

足元を見ることで、利用者さんの歩行の様子の
変化に気づくことにもつながっていくんだね！

147

あっ!!
Gさんが出ようとしている。

考えてみよう! どんな危険があるかな?

　利用者のGさんは一人で歩くことはできますが、認知症があり、時間や場所を認識することは難しい状態です。Gさんは時々、「外に行きたい」と言っています。ある日、Gさんは部屋のある2階からエレベーターに乗って1階まで降り、来客で開いた玄関から一人で外へ出ようとしていました。

外へ行きたいって言っていたし、出ていくのはダメなのかな?

一人で外へ行くことは危険もあるんだよ。介護職がその危険に気づいているかな?

確認しよう！　どこがダメなの？

チェック **1**　利用者のいる場所を把握できていない！

　Ｇさんが１階まで移動しているにもかかわらず、外に出ようとしたときまで介護職は気づいていません。

チェック **2**　一人で出ようとしている！

　エレベーターや外へ出るドアは介護職が管理していますが、来客があればエレベーターやドアは開きます。開いた際に一人で乗ってしまったり、外へ出てしまうこともあります。

チェック **3**　利用者の想いにきちんと対応していない！

　Ｇさんの「外に行きたい」という気持ちを、介護職が「認知症によりまた同じことを言っている」「いつものことだから」と軽く受け流して対応していたかもしれません。それによりＧさんの想いは満たされず、自分から外へ出ようとした可能性があります。

どうしたらいいの？ 利用者が安全かつ自由に過ごせる環境をつくろう

ポイント **1** 利用者がいる場所を把握しておく

　介護職が利用者を常に監視してしまうと、利用者の気持ちを抑圧し自由を奪うことになるので、食堂やホールにいるのか、居室で一人で過ごしているのか、入浴中なのか、受診で外出しているのかなど、利用者がいる場所を把握しておくことが必要です。そして、その情報を介護職間で共有しておきます。

ポイント **2** 誰が施設に出入りしているのか注意して見ておく

　外部からの訪問者は、外へ行こうとしているのが入所者なのか面会者なのかを判断できない場合もあります。そのため、来客時にドアが開くときは、誰が施設に出入りしているのか、その間に利用者が出て行ってしまっていないかを注意して見ておくことが大切です。

ポイント **3** 外へ出る時間をつくる

　屋内で過ごしている時間が長いことで、「（特定の場所はないが）外へ出たい」「家に帰りたい」という願望につながることもあります。少しでもよいので、外へ出て外気浴や散歩をする時間をつくるようにしましょう。また、屋内にいるときは、居心地がよいと感じてもらえるような環境や信頼関係をつくったり、余暇活動などを行うことが大切です。

150

● 一人で外へ出た場合の危険を考えよう

　Ｇさんが一人で外へ出た場合、どのような危険が考えられるでしょうか。場所や時間を認識することが難しい状態の場合、おそらくは元いた場所に戻れなくなってしまいます。交通量が多い場所での交通事故や、長時間歩き続けることで空腹で動けなくなる、脱水症状になる、転倒してけがをする、などのリスクがあります。Ｇさんが離れた場所に行ってしまうほど、そうした状況に気づくことも遅くなってしまいます。

　外へ出ることが悪いのではなく、**外には危険があることを介護職が理解し、利用者のいる場所を把握できるようにしておくことが大**切です。

事故が起こってからでは遅いし、
きちんと利用者さんのいる場所を
把握しておくことが大切だね！

151

利用者さんが
生活する環境に
配慮することも
大切なんだね！

環境を
整えることは、
利用者さんの
生活の安心に
つながるんだよ。

著者紹介

神吉　大輔（かんき　だいすけ）

社会福祉法人奉優会「特別養護老人ホーム下馬の家」事業所責任者、
兼「特別養護老人ホーム等々力の家」管理統括責任者

1981 年東京都生まれ。趣味は山登り
介護福祉士・介護支援専門員

2006 年に社会福祉法人奉優会に入職。介護職、生活相談員などを
経て、現在は、法人内で事故予防、不適切ケアや身体拘束防止など
の研修にたずさわる。
月刊誌『おはよう 21』（中央法規出版）にて、『これって虐待？
こんなときどうする？　"不適切なケア"改善のポイント』や、同
増刊号『外国人材の採用・育成・定着完全ガイド』の現場レポート
などを分担執筆。

ステップアップ介護
よくある場面から学ぶリスク予防

2020 年 3 月 20 日　発行

著　者 ……………………… 神吉大輔

発行者 ……………………… 荘村明彦

発行所 ……………………… 中央法規出版株式会社
　　　　　　　　　　　　　〒 110-0016 東京都台東区台東 3-29-1 中央法規ビル
　　　　　　　　　　　　　営　　業　　　Tel. 03-3834-5817　Fax. 03-3837-8037
　　　　　　　　　　　　　取次・書店担当　Tel. 03-3834-5815　Fax. 03-3837-8035
　　　　　　　　　　　　　https://www.chuohoki.co.jp/

装幀・本文デザイン ……… 石垣由梨、齋藤友貴（ISSHIKI）

本文イラスト ……………… 平のゆきこ

キャラクターイラスト ……… こさかいずみ

印刷・製本 ………………… 株式会社アルキャスト

ISBN978-4-8058-8115-6